Albrecht Weber

LEBEN AUS UND MIT GOTT

Albrecht Weber

LEBEN AUS UND MIT GOTT

Theologische Erwägungen zum geistlichen Leben eines Christen

Fromm Verlag

Impressum/Imprint (nur für Deutschland/ only for Germany)
Bibliografische Information der Deutschen Nationalbibliothek: Die Deutsche Nationalbibliothek verzeichnet diese Publikation in der Deutschen Nationalbibliografie; detaillierte bibliografische Daten sind im Internet über http://dnb.d-nb.de abrufbar.
Alle in diesem Buch genannten Marken und Produktnamen unterliegen warenzeichen-, marken- oder patentrechtlichem Schutz bzw. sind Warenzeichen oder eingetragene Warenzeichen der jeweiligen Inhaber. Die Wiedergabe von Marken, Produktnamen, Gebrauchsnamen, Handelsnamen, Warenbezeichnungen u.s.w. in diesem Werk berechtigt auch ohne besondere Kennzeichnung nicht zu der Annahme, dass solche Namen im Sinne der Warenzeichen- und Markenschutzgesetzgebung als frei zu betrachten wären und daher von jedermann benutzt werden dürften.

Coverbild: www.ingimage.com

Contact:
International Book Market Service Ltd., 17 Rue Meldrum, Beau Bassin, 1713-01 Mauritius
Website: www.bookmarketservice.com
Email: info@bookmarketservice.com

Gedruckt in: USA, UK, Deutschland. Dieses Buch wurde nicht in Mauritius produziert.

Imprint (only for USA, GB)
Bibliographic information published by the Deutsche Nationalbibliothek: The Deutsche Nationalbibliothek lists this publication in the Deutsche Nationalbibliografie; detailed bibliographic data are available in the Internet at http://dnb.d-nb.de.
Any brand names and product names mentioned in this book are subject to trademark, brand or patent protection and are trademarks or registered trademarks of their respective holders. The use of brand names, product names, common names, trade names, product descriptions etc. even without a particular marking in this works is in no way to be construed to mean that such names may be regarded as unrestricted in respect of trademark and brand protection legislation and could thus be used by anyone.

Cover image: www.ingimage.com

Contact:
International Book Market Service Ltd., 17 Rue Meldrum, Beau Bassin, 1713-01 Mauritius
Website: www.bookmarketservice.com
Email: info@bookmarketservice.com

Printed in: U.S.A., U.K., Germany. This book was not produced in Mauritius.

ISBN: 978-3-8416-0147-6

INHALTSVERZEICHNIS

Seite 50: Ein Leben, dessen immerwährende Kraftquelle Gottes nie endende Liebe ist (Jeremia 31,3)

Seite 56: Ein Leben, das auch in wundergleichen historischen „Zufällen" Gott am Werk sieht und ihn darüber rühmt und lobt (Psalm 65,9)

Seite 61: Ein Leben, das nicht gierig und angstbesessen rafft, sondern „Herz und Mund und Tat und Leben" (Titel einer Kantate von J.S. Bach) den benachteiligten Mitmenschen zuwendet (Psalm 58,10)

Seite 66: Ein Leben, das von Gott wie von einer zärtlich sorgenden und tröstenden Mutter behütet bleibt (Jesaja 66,13)

VORWORT

Liebe Leser!

Als ich vor einiger Zeit vom Herausgeber der Homiletischen Monatshefte (Verlag Vandenhoek & Ruprecht) gebeten wurde, für dieses Magazin die Jahreslosung und Monatssprüche für das Jahr 2008 auszulegen, habe ich mich mit Eifer ans Werk gemacht.

Ich habe dies aus zwei Gründen gern getan: Einmal habe ich in all diesen zentralen Bibelworten eine theologische Glut entdeckt, die es galt, freizulegen und damit neu zu einem Feuer zu entfachen.

Zugleich war mir bislang gar nicht bewusst, dass diese Sprüche regelmäßig von einem ökumenischen Gremium ausgewählt werden und so auch ein biblisches Band zwischen konfessionsverschiedenen, besser konfessionsverbindenden Paaren, Freunden und Gemeinden sein können. Das kommt darin zum Ausdruck, dass diese Sprüche sowohl der Übersetzung Martin Luthers als auch der in den römisch katholischen Gottesdiensten maßgeblichen (unter ökumenischer Beteiligung erstellten) sogenannten „Einheitsübersetzung“ entnommen werden.

Im Nachhinein wurde mir deutlich, dass man all diese Monatssprüche dann richtig versteht, wenn man sie als unterschiedliche Aspekte der Jahreslosung zu sehen lernt, nämlich als verschiedene Seiten ein und desselben neuen Lebens, das Jesus in seiner herausragenden, einmaligen Person verkörpert und an jeden von uns weitergeben will. Das ist in der Tat mehr als biologisches Lebendigsein oder eine schiere Verlängerung irdischen Daseins ins Unendliche. Das ist vielmehr eine vorher in der Weltgeschichte nie vorhandene, völlig neue Qualität des Lebens, deren Quelle niemand anderes als der Mensch gewordenen Gottessohn und Retter der Menschheit ist.

Das Revolutionäre dieses göttlichen Angebotes an uns durch Jesus ist nun, dass uns nicht lediglich eine neue und bessere Ethik angeboten wird, der wir aufgrund unserer Schwäche ohnehin nur unvollkommen nachkommen können, sondern eine neue, höhere und tiefere Existenzweise, deren Ursprung, stetige Nahrung und Kraftquelle niemand anderes als Gott selbst ist, vermittelt durch Jesus in der Inspiration des pfingstlichen Geistes!

Damit wird eine innere, geistige und das Herz erneuernde Einheit zwischen Gott und uns möglich, die es in der Weltgeschichte so eben noch nie gegeben hat und jenseits der vertrauensvollen Bindung an Jesus so auch gar nicht geben kann. Das schließt nicht aus, dass es auch schon im Alten Testament, im Judentum und in anderen Religionen Elemente dieses Lebens gegeben hat und gibt, die in der Gemeinschaft mit Christus zu ihrer vollen Entfaltung und Vollendung gelangen. Wie schön, dass aus diesem Grund in unseren Gottesdiensten auch alttestamentliche Bibelabschnitte verlesen werden und unter den Monatssprüchen auch alttestamentliche Sprüche vorhanden sind.

Das Leben aus Gott, vermittelt durch Jesus Christus, wird nicht so unser Eigentum, dass wir es selbständig ohne Bezug zu Christus aufrechterhalten, vertiefen, pflegen oder „verwalten“ können, vielmehr will dieses von Christus in uns hineingegebene Leben durch ständigen Kontakt mit allem, „was Christum treibt“, gepflegt, erneuert und vertieft werden.

Dieses aus Gott durch Christus uns geschenkte Leben ist das größte Geschenk, dass uns in unserem irdischen Dasein jemals gemacht wurde bzw. gemacht werden kann.

Es hochzuschätzen, zu nähren, zu pflegen und am Leuchten zu erhalten, wäre eigentlich selbstverständlich. Aber wie viele nominelle Christen sind sich des Schatzes bewusst, der seit ihrer Taufe in sie hineingelegt worden ist? Wie viele nominelle Christen sind sich bewusst, dass dieses Leben in steter und innigster Einheit mit Gott gestärkt, erneuert und gepflegt werden muss, wenn es nicht erkranken und schließlich vielleicht sogar absterben soll?

Angesichts der ökumenisch ausgesuchten und verantworteten Jahreslosungen und Monatssprüche kann uns neu bewusst werden, dass es kein „römisch-katholisches“, „evangelisches“, „freikirchliches“ oder „orthodoxes“ Leben aus Gott gibt, sondern immer dasselbe eine aus dem Geist stammende Leben, das von Gott kommt, von ihm gehalten, getragen und genährt wird und das zu ihm führt. Auch wenn es erkennbar konfessionelle Besonderheiten in der Kultur religiöser Betätigungen gibt, das hinter allem stehende „Leben aus Gott“ ist von einer anderen Qualität, als dass es durch diese menschlichen und geschichtlichen Besonderheiten in seinem Wesen verändert wird.

Dieses „Leben aus Gott“ vereint uns Christen allesamt, gleich aus welcher Konfession wir stammen und gleich, in welcher Konfession wir beheimatet sind. Dieses Leben wie einen Edelstein in seinen verschiedenen Brechungen durch das Licht hervorzuheben, wäre ja das Naheliegendste für uns.

Wenn es den folgenden Betrachtungen gelingt, einige der verschiedenen Brechungen des göttlichen Lichtes und Lebens im menschlichen Leben zum Leuchten zu bringen, dann kann uns bewusst werden, dass zentrale, für bestimmte Jahre und Monate ausgewählte Verse der Bibel mehr als zeitgebundene Worte sind.

Sie sind vielmehr zeitlos gültige Werkzeuge Gottes selbst, das Leben in uns zu stärken und zu pflegen, dessen Ursprung ER SELBER ist.

Die Betrachtungen, die früher verstreut in einem Magazin veröffentlicht worden sind, das normalerweise nur kirchliche Mitarbeiter abonnieren, werden hier erstmals zusammenhängend für einen weiteren Kreis an Interessierten unter dem Thema der Jahreslosung für das Jahr 2008 zugänglich gemacht:

JESUS CHRISTUS SPRICHT: ICH LEBE UND IHR SOLLT AUCH LEBEN.
(Johannes 14, 19)

Aus dieser Losung hat sich das Thema dieser kleinen theologisch- geistlichen Betrachtung entwickelt:

LEBEN AUS UND MIT GOTT

Mögen alle, die sich für diese Betrachtungen öffnen, reicher werden an der Entfaltung des uns geschenkten göttlichen Lebens in Glaube, Liebe und Hoffnung!

Pfingsten 2011 Albrecht Weber

NEUES, QUALIFIZIERTES UND EWIGES LEBEN DURCH CHRISTUS

Jesus Christus spricht: „Ich lebe, und ihr sollt auch leben."
(Johannes 14, 19, Lutherübersetzung; JAHRESLOSUNG 2 0 0 8)

Wer nach Island reist, sollte nicht versäumen, der südlich gelegenen Insel Heimay mit dem größten isländischen Fischerhafen einen Besuch abzustatten. Als meine Frau, unser jüngster Sohn und ich dort 1990 hinkamen, konnten wir noch auf einem Berg aus Vulkanasche mit eigenen Händen Reste der enormen Hitze spüren, die siebzehn Jahre zuvor (1973) beim Ausbruch eines Vulkans die Inselbewohner bedrohte. War es Zufall oder göttliche Fügung, dass zum Zeitpunkt des Vulkanausbruchs wegen eines vorherigen Unwetters alle Fischerboote im Hafen lagen? In pausenlosem Einsatz brachten die Fischer über stürmische See mit ihren Booten jeden der rund 5 000 Inselbewohner zum Hauptland in Sicherheit. Es war ein Wettlauf mit der Zeit. Aber welche Erleichterung: Kein einziger Mensch starb bei dem lebensbedrohenden, dramatischen Geschehen!

Auch das Militär erwies sich als hilfreich. Dank des stundenlangen, unermüdlichen Einsatzes amerikanischer Piloten mit großen Flugzeugen konnte die Lavamasse mit ausreichend Wasser gekühlt werden, so dass der größte Teil der Stadt und auch der für Island lebenswichtige Hafen vor der Zerstörung bewahrt wurden. Lediglich der Inselfriedhof wurde durch eine meterhohe Schicht von Lavaasche bedeckt, so dass kein einziges Grab mehr zu erkennen war!

Die Merkzeichen des Todes waren vernichtet! Nur die sehr hoch liegende Inschrift des Friedhofstores blieb auch nach dem Vulkanregen zu erkennen: „Jesus Christus spricht: Ich lebe und ihr sollt auch leben!“

Diese eindrückliche Geschichte erzählte uns ein befreundeter isländischer Pastor, und er fügte hinzu: Viele Christen auf Island haben damals die Rettung vor den todbringenden Fluten des ausbrechenden Vulkans als ein Werk Gottes, als ein Werk des Erlösers gesehen! Ja, Gott, dem wir das Leben verdanken, ist ein Liebhaber des Lebens und nicht des Todes!

Wird diese Botschaft dadurch widerlegt, dass unter der dicken Lavaschicht auf dem Friedhof von Heimay (wie auf allen Friedhöfen der Welt) wahrscheinlich auch Kinder, Jugendliche, junge Erwachsene, Opfer von Unfällen, Kriegen und ansteckenden Krankheiten beerdigt lagen und liegen? Nein! Denn Jesus Christus, der dieses große Wort spricht „Ich lebe und ihr sollt auch leben“, ist selbst ein junger Erwachsener und Opfer einer Gewaltanwendung gewesen, als er starb. Die Worte unserer Jahreslosung schließen alle Kreuze und Kreuzwegerfahrungen dieser Weltzeit mit ein und sprechen all denen, die sich Jesus anvertrauen, als letzten und entscheidenden Willen Gottes zu: „Ich lebe und ihr sollt auch leben!“ Karfreitag wird ernstgenommen, aber von Ostern und seinen gewaltigen Folgen abgelöst und überrundet.

Jesus spricht dieses Wort kurz vor seinem Tod: Wenn die Jünger ihren Herrn nach Ostern (wieder) sehen werden, begegnen sie ihm, der Auferstehung und Leben in Person ist (11, 25), als dem Lebenden und werden durch Glauben (20, 31) das gleiche Leben wie er selbst besitzen. Allem biologischen Sterben zum Trotz ist dadurch letztlich auch ihrem Leben keine Grenze mehr gesetzt.

Auch uns Nachgeborenen gilt diese Verheißung Jesu: Durch Hören auf Jesu Wort und Vertrauen auf den Vater haben wir unzerstörbares, ewiges Leben, eben das Leben des für uns gekreuzigten und auferstandenen Herrn, haben das letzte Gericht grundsätzlich bestanden und sind „vom Tod zum Leben hindurchgedrungen“ (Joh 5, 24). Dieses Leben, das wir in Gemeinschaft mit dem auferstandenen Jesus haben, ist mehr als schieres biologisches Lebendigsein. Es ist ein qualifiziertes Leben, das durch einen Schöpfungsakt Gottes in der Taufe bleibend mit Christus verbindet (Gal 3, 27) und von dem wir mit Paulus sagen können: „Ich lebe, doch nun nicht ich, sondern Christus lebt in mir.“ (Gal 2, 20)

Welches sind die Besonderheiten dieses Lebens?

- Es ist ein Leben, das sich die Richtung weisen lässt durch Jesu Predigen, Handeln und Leiden, gemäß den Berichten der Evangelisten.

- Es ist ein Leben, das sich orientiert an den Maßstäben Gottes: „Halte meine Gebote, so wirst du leben (Spr 4, 4; vgl. 5. Mose 30, 15 und Mt 5, 17–20)!“

- Es ist ein Leben, das sich in steter Umkehr zu Gott erneuert: „Bekehrt euch, so werdet ihr leben (Hes 18, 32; vgl Mk 1, 15)!“

- Es ist ein Leben, in dem die immer neue Suche der Gegenwart Gottes, in seinem Wort, im Gottesdienst und im Gebet, ein Hauptinhalt ist: „Suchet mich, so werdet ihr leben (Am 5, 4; vgl Kol 3, 1)!“

- Es ist ein Leben, das seinen Hunger (Joh 6, 48–58) und Durst (Joh 4) bei dem stillt, der allein menschliche Sehnsucht auf Dauer zufriedenstellen kann.

- Es ist ein Leben, das sich nicht im Sichtbaren, Genießbaren und Materiellen erschöpft: „Der Mensch lebt nicht vom Brot allein, sondern von einem jeden Wort, das aus dem Mund Gottes geht“ (Mt 4, 4).

- Es ist ein Leben, dessen Hauptkraft der Geist Jesu Christi, der Geist Gottes ist (Röm 8): „Denn welche der Geist Gottes treibt, die sind Gottes Kinder“
(Röm 8, 4).

- Es ist ein Leben gemäß den Seligpreisungen Jesu, die den (geistlich) Armen, den Leid Tragenden, den Sanftmütigen, den nach Gerechtigkeit Hungernden und Dürstenden, den Barmherzigen, den Menschen mit gereinigtem Herzen, den Friedensstiftern und den um Gottes willen Verfolgten gelten (Mt 5, 1–12).

- Es ist ein Leben, das von der Liebe Gottes bestimmt wird (1. Kor 13).

- Es ist ein Leben, dessen wichtigstes Ziel nicht lediglich irdisches Wohlergehen, Gesundheit und Erfolg sind, sondern Gottes ewige Welt
(1. Kor 15; Offb 21–22).

- Es ist ein Leben in Gemeinschaft mit denen, deren Mitte Jesus Christus selbst ist: „Sie blieben aber beständig in der Lehre der Apostel und in der Gemeinschaft und im Brotbrechen und im Gebet (Apg 2, 42)!

- Es ist ein Leben mit einem Geheimnis, das sich neugieriger und glaubensloser Betrachtung verschließt: „Euer Leben ist verborgen mit Christus in Gott“
(Kol 3,3).

„WO VERGEBUNG DER SÜNDEN IST, DA IST LEBEN UND SELIGKEIT!“ (Martin Luther; Kleiner Katechismus)

Jesus Christus spricht: „Nicht die Gesunden brauchen den Arzt, sondern die Kranken. Ich bin gekommen, um die Sünder zu rufen, nicht die Gerechten.“
(Markus 2,17, Einheitsübersetzung; Monatsspruch Januar 2008)

Ein mir befreundeter, inzwischen pensionierter Arzt, der unserem Gemeindekirchenrat angehörte, sagte mir einmal: „Albrecht, 60% der Patienten, die ich behandle, müssten eigentlich zu dir kommen.“ Ich erschrak darüber und dachte mir: Sind tatsächlich so viele Menschen derart einsam und von Problemen niedergebeugt, dass sie den vorwiegend körperlich Kranken die Warte- und Behandlungszeit eines Arztes stehlen müssen?

Gibt es nicht Nachbarn oder sonstige, aufmerksame Mitmenschen, die diesen mit Sorgen beladenen Einsamen Gemeinschaft schenken und ihr Leben freudevoller machen können? Müssen es wirklich Ärzte sein? Ich weiß nicht, ob das inzwischen eingeführte, jeden dritten Monat fällige Praxis- „Eintrittsgeld“ hier Abhilfe geschafft hat. Jedenfalls bleibt das Sprichwort, das Jesus zitiert, gültig: „Nicht die Gesunden brauchen den Arzt, sondern die Kranken!“

Jesus hatte aber mit diesem Wort keine vollen Wartezimmer vor Augen, sondern die vorwurfsvolle Frage, nachdem er den Zöllner Levi in seinen Jüngerkreis berufen und mit Zöllnern, Sündern und seinen Jüngern zugleich ein Gastmahl gehalten hatte (Markus 2, 14-16): „Isst er mit Zöllnern und Sündern?“

Ja, das tut ER!!! ER ist nämlich nicht einer von Tausenden von Rabbis, sondern der Bevollmächtigte Gottes, der dabei ist, die Heilszeit Gottes auf die Erde zu bringen. Zu dieser Heilszeit gehört, dass alle durch eine ausgrenzende Einstellung und rigorose Moral der Frommen an den Rand geschobenen, ausgestoßenen und verachteten Menschen hereingeholt werden in das Haus Gottes, in dem ihnen zu Ehren ein großes Fest gefeiert wird (Lukas 15, 11-32).

Hierzu gehören Kinder und Frauen, die in der damaligen Gesellschaft kultisch keine Bedeutung hatten, hierzu gehört die Samaritanerin, die fünfmal verheiratet war und nun unverheiratet mit einem Mann zusammenlebte. Jesus stillte ihren Lebensdurst (Johannes 4, 1-41). Hierzu gehört sogar eine Prostituierte, der Jesus vergebend das Erbarmen Gottes zusprach und ihre Selbstachtung wiederschenkte (Lukas 7, 36-50).

Hierzu gehören schließlich Zöllner, die als Angestellte bei der römischen Besatzungsmacht ohnehin der allgemeinen Verachtung preisgegeben waren und pauschal als Betrüger diffamiert wurden. Wer für „Heiden" arbeitete, hatte nach Meinung der Frommen damit von vorneherein das Wohlwollen Gottes dauerhaft verspielt. Indem wir nicht weniger als drei Zöllner mit Namen kennen, die Anhänger Jesu wurden (Levi, Matthäus und Zachäus), wissen wir nachdrücklich, dass Jesus niemanden von Gottes Erbarmen ausgeschlossen und für immer deutlich gemacht hat: Kirche ist die Gemeinschaft begnadeter Sünder!

Joachim Jeremias hat darauf hingewiesen, dass speziell im Judentum Tischgemeinschaft Gemeinschaft vor Gottes Augen bedeutet: Sie wird dadurch hergestellt, dass jeder Mahlteilnehmer durch das Essen eines abgebrochenen Brotstücks Anteil an dem Lobspruch erhält, den der Hausvater über dem ungebrochenen Brot gesprochen hat. So seien die Mahlzeiten Jesu mit Zöllnern und Sündern nicht nur Ereignisse auf der gesellschaftlichen Ebene, nicht nur

Ausdruck seiner ungewöhnlichen Humanität und sozialen Großzügigkeit und seines Mitgefühls mit den Verachteten, sondern Ausdruck seiner Sendung, Vorfeiern des Heilsmahls der Endzeit (Matthäus 8, 11), in denen sich die Gemeinde der Heiligen schon jetzt darstellt (Markus 2, 19).

Jeder kann sehen: Zur rettenden Liebe sind alle eingeladen, auch die, die Gott und seine Maßstäbe nachweislich verloren haben!

Nur wer die Bibel nicht kennt, kann erwarten, dass Jesus vor seinem Kommen in Herrlichkeit die Lösung der Weltprobleme, den Weltfrieden und auch Wohlstand für alle bringt. Wofür ist Jesus dann jetzt noch gut? Was hat er dann überhaupt gebracht? Benedikt XVI. hat es in seinem lesenswerten Jesusbuch auf den Punkt gebracht: Jesus hat Gott gebracht. Wir kennen nun sein Antlitz, wir kennen nun sein Herz. Es ist ein Herz, das keinen Menschen und keine Menschengruppe prinzipiell ausschließt.

Jesus handelt als Arzt der Sünder. In seiner Zuwendung zu den Sündern nimmt Gott, der Vater, selbst sie an und auf. Dabei ist „Vergebung“ mehr, als wir normalerweise darunter verstehen: „Vergebung bedeutet nun nicht nur Tilgung von Schuld, sondern Wiederherstellung von Gemeinschaft, die Wiederaufnahme des Geschöpfes durch seinen Schöpfer als Aufnahme in das Leben der endzeitlichen Herrschaft“ (L. Goppelt).

Sind wir als Christen, als Kirchengemeinde und Kirche wie unser Herr offen für die, die ihn und seine Maßstäbe verloren haben?

Wenn wir uns selbstkritisch und dabei ehrlich betrachten, entdecken wir, dass wir wie die Pharisäer von ehedem starke Berührungsängste haben gegenüber denen, die anders sind als wir: Ausländer, Angehörige anderer Religionen,

Atheisten und Zweifler oder Menschen mit einem Knick in ihrer Biographie, etwa ehemalige Häftlinge.

Wenn uns die Zugehörigkeit zu einer halbwegs intakten Familie vergönnt ist, entwickeln wir auch leicht eine Abgrenzung gegenüber sogenannten „Patchworkfamilien“. Wie offen sind unsere in der Regel bürgerlich geprägten Gemeinden gegenüber Obdachlosen, Hartz IV- Empfängern und Leuten, die einen ungewöhnlichen Lebensstil pflegen?

Wie stehen unsere Gemeinden zu den Mitgliedern und Gästen, die nur aus gegebenem Anlass ausnahmsweise an einem Gottesdienst teilnehmen? Wie sehr sind wir daran interessiert, Menschen das Wertvollste zu bringen, was wir ihnen anbieten können, nämlich Gott selbst, auch wenn sie keine Anstalten machen, sich in unsere Kirchengemeinde einzubringen? Lassen wir sie dann fallen?

Was wäre, wenn unsere Gemeinden ihr Hauptaugenmerk auf diejenigen richteten, die nachweislich Gott und seine Maßstäbe verloren haben?

Wie müssten unsere Gottesdienste und missionarischen Bemühungen gestaltet sein, wenn sie nicht nur den Frommen, sondern bevorzugt den Atheisten und Zweiflern, den Unangepassten und in ihrem Leben Gescheiterten gelten? Was müsste geschehen, dass in den „Wartehallen“ unserer Kirchengebäude und Gemeindezentren nicht nur solche sitzen, die einmal nett mit dem Pflegepersonal des Himmels plaudern wollen, sondern Heilung ihrer schlimmsten Krankheit suchen, der Gottesferne?

Ja, was müsste mit uns und unseren Gemeinden geschehen, damit Jesus, der Arzt Gottes, auch heute ganz durch uns handeln kann?

LEBEN KRAFT DER GEMEINSCHAFT MIT GOTT IM GEBET

Jesus Christus spricht: „Alles, was ihr bittet in eurem Gebet, glaubt nur, dass ihr's empfangt, so wird's euch zuteil werden."

(Markus 11, 24, Luther-Übersetzung; Monatsspruch Februar 2008)

Einen Vers vor dem Monatsspruch stellt Jesus in Aussicht: „Wahrlich, ich sage euch: Wer zu diesem Berge spräche: Heb dich und wirf dich ins Meer! und zweifelt nicht in seinem Herzen, sondern glaubte, dass geschehen werde, was er sagt, so wird's ihm geschehen." (Markus 11,23)

Jesus ermutigt uns dazu, Gott zu vertrauen und ihm Großes zuzutrauen. „Gott, weil er groß ist, gibt am liebsten große Gaben, ach, dass wir Armen nur so kleine Herzen haben." So lautet ein hübscher, inhaltsreicher Kanon. Jesu Rede im Spruch für diesen Monat dient also unserer Herzerweiterung. Wenn ihm das bei uns gelingt, kann uns der große Gott entsprechend der Größe unseres Vertrauens auf ihn große Gaben geben!

Aus der Geschichte der Kirche ist nicht bekannt geworden, dass es je einem Christen, und sei er im Glauben noch so vorbildlich gewesen, gelungen ist, einen Berg zu versetzen oder verschwinden zu lassen. Lediglich in dem Film „Das Wunder des Malachias", 1961 von Bernhard Wicki nach einem Roman von Bruce Marshall gedreht, gelang es einem Pater, durch intensives Gebet eine Vergnügungsbar, über die er sich ärgerte, auf eine einsame Insel zu versetzen. Die wunderbare Versetzung der Bar brachte aber nicht den gewünschten Erfolg. Die Menschen, die das Fehlen der Bar bemerkten, schlachteten die „Story" medial aus und verwerteten sie kommerziell, wurden aber dadurch nicht zum Glauben an Gott geführt.

Nein, die Berge, die kraft des Glaubens und Betens zu versetzen Jesus uns mit Gottes Hilfe zutraut, sind eher Sorgen, Krankheiten und Nöte, die sich uns oft wie unüberwindliche Berge auftürmen und in den Weg stellen. Mit Paul Gerhardt können wir jedoch singen: „Er gebe uns ein fröhlich Herz, erfrische Geist und Sinn und werf all Angst, Furcht, Sorg und Schmerz ins Meeres Tiefe hin." (EG 323, 5)

Der Jesus der Evangelien ermuntert zu einer Kühnheit des Glaubens, die es wagt, Gott „auf's Dach zu steigen', wie die Freunde des von Jesus geheilten Gelähmten es taten (Markus 2,1-12).

Diese Freunde glaubten stellvertretend für ihren kranken Freund, dass Gott in Jesus ihm helfen könne. Jesus belohnte ihren stellvertretenden Glauben durch Sündenvergebung und Heilung. Die von Jesus empfohlene Kühnheit des Glaubens, die Klaus Hemmerle einmal „die Tugend der Frechheit" nannte, zeigte sich ebenfalls in der aufdringlichen Syro- Phönizierin (Markus 7,25-30), in der blutflüssigen Frau, die sich an Jesus heranmachte (Lukas 8,43f.) sowie in den Gleichnissen von der unbequemen Witwe (Lukas 18,1-8) und dem zudringlichen Freund (Lukas 11,5-8).

Es gibt einerseits Tausende von glaubhaft berichteten Gebetserhörungen, z.B. wunderbare Heilungen bis hin zu Veränderungen gesellschaftlicher Realitäten aufgrund von Gebeten. Man denke nur an die Bemühungen von Martin Luther King um eine wechselseitige Respektierung von Weißen und Schwarzen in den USA oder die Wende nach vielen vorausgegangen Friedensgebeten.

Wie aber steht es mit der Erfahrung, die jeder Christ schon gemacht hat: Ich habe intensiv um die Heilung eines Mitmenschen gebetet, aber er ist dennoch gestorben. Ich habe intensiv um dies und das gebeten, aber nichts davon ist eingetroffen. Führt uns Jesus am Ende mit seiner Zusage an der Nase herum?

Während des 2. Weltkrieges haben wahrscheinlich wiederholt Abertausende von Christen vieler Nationen um ein Ende des Blutvergießens gebetet oder haben durch aktive oder seelsorgerische Beteiligung am Widerstand versucht, dem Morden ein Ende zu setzen. Aber alles dies misslang. Hatte Gott diese ernsthaften Gebete überhört und missachtet?

Wenn wir die uns aus der Kriegszeit erhaltenen Dokumente daraufhin befragen, können wir ein intensives Ringen mit dieser Frage entdecken. Dieses Ringen in einer Zeit größter Anfechtung des Glaubens kann uns auch heute bei der Beantwortung der Frage helfen: Beantwortet Gott wirklich Gebete?

In dem bewegenden Briefwechsel zwischen Dietrich Bonhoeffer und seiner Braut (Brautbriefe Zelle 92 Dietrich Bonhoeffer Maria von Wedemeyer 1943-1945, hg. Ruth-Alice von Bismarck/Ulrich Kabitz, München 1997) schreibt Maria von Wedemeyer an ihren Verlobten: „Ich muss mich selbst schämen, dass ich immer wieder meine, einen Skorpion in Händen zu haben, wenn ich auch noch so oft das Gegenteil ganz offenbar erfahren habe... Gott muss Dich sehr lieb haben, dass er dies über Dich kommen ließ, er nahm Dir viel, um Dir noch mehr zu schenken." (Brief vom 7.III.44)

Umgekehrt schreibt Dietrich Bonhoeffer an seine Braut: „Wie macht Gott unsere Pläne immer wieder zunichte, aber doch nur um seine Pläne mit uns durchzusetzen." (Brief vom 16. IV.44)

„Beten und nachfolgen, beides gehört zusammen, eins gibt es nicht ohne das andere, zuversichtlich beten und willig nachfolgen- das ist ein voller Lebensinhalt…Dann können wir uns auf Gott verlassen- wie schön ist doch dieses Wort ‚sich verlassen', sich- selbst- lassen, um auf Gott gegründet zu sein- und wenn wir Christus nachfolgen, dann kann ja auch unsere Zukunft nur gut sein." (Brief vom 23.IV. 44) „Alles wird schön und gut werden zu der Stunde, die Gott dafür ersehen hat. Freue Dich mit mir darauf, Maria!" (Brief vom 11.III.44)

Wer den Ausgang des Dramas kennt, weiß, dass die letzte Aussage nur einen Sinn ergibt jenseits des Todes, in Gottes neuer, schöner, ewiger Welt! Gott erhört wohl Gebete schon auf dieser Welt, möglicherweise aber auch erst in seiner zukünftigen, ewigen Welt. Ohne dieses Wissen geht Jesu Ermunterung zu zuversichtlichem Beten und Bitten nicht auf.

Mitten im Krieg, in einer Zeit der Ausweglosigkeiten und scheinbar nicht erhörten Gebete, erscheint in Berlin von Paul Schütz eine beachtliche Auslegung des Markusevangeliums (DAS EVANGELIUM DEM MENSCHEN UNSERER ZEIT DARGESTELLT, Berlin 1940). Angesichts vieler im Krieg scheinbar nicht erhörter Gebete greift Paul Schütz nicht die Matthäus- Fassung eines Wortes Jesu auf, der Vater werde denen, die ihn bitten, „Gutes" geben (Mt 7,11), sondern die Lukasfassung, der Vater werde denen, die ihn bitten, den Heiligen Geist geben (Lk 11, 13):

„Nur e i n Gebet ist wirklich betenswert. In ihm sind alle Gebete enthalten und alle Bitten erhört: im Gebet um den Geist. Das ist das Grund- und das Hauptgebet. Der Geist ist der Herr. Der Herr aller Lagen und Verlegenheiten. Der Herr aller Ausweglosigkeiten. Es gibt keine Situation, deren er nicht Meister werden, die er nicht zum Besten kehren könnte. Er kann selbst noch

durch den Bösen das Gute schaffen und mit dem fremden Werke die Gotteswerke treiben. Gib uns deinen Geist, dann ist uns geholfen!“
(P. Schütz, aaO., 303f.)

Wer betet, lernt nach Heinz Zahrnt zwischen dem Notwendigen und dem nur Nützlichen zu unterscheiden- und dass es zuletzt nicht darauf ankommt, was er Gott sagt, sondern dass Gott für ihn das Sagen hat. „Dein Wille geschehe“, das kann bedeuten: „Herr gib mir dies oder mehr, nämlich das, was nach Deiner göttlichen Einsicht am besten für die Welt, die mir Anvertrauten oder für mich ist!“

Dies Gebet fordert großen Glauben und die hoffnungsschwangere Geduld eines langen Atems, möglicherweise über diese vergehende Erdenzeit hinaus.

EIN LEBEN VOLL VON FREUDE UND GETRÖST IN TRAURIGKEIT

Jesus Christus spricht: „Ihr habt nun Traurigkeit, aber ich will euch wieder sehen, und euer Herz soll sich freuen, und eure Freude soll niemand von euch nehmen.“

(Johannes 16,22, Luther-Übersetzung; Monatsspruch für März 2008)

Wer diesen Vers je in dem 5. Satz des Requiems von JOHANNES BRAHMS von einer Sopranistin in ergreifender Weise gesungen gehört hat, der wird dies so schnell nicht vergessen. Was muss dieser Komponist Brahms für ein frommer Mann gewesen sein, der die Bibel aufs Beste verstanden und gedeutet hat! So ist man zu denken geneigt.

Nur muss diese Vermutung leider enttäuscht werden. Hanns Christian Stekel hat in einer (Leipziger) Dissertation mit dem Titel „Sehnsucht und Distanz“ (Theologische Aspekte in den wortgebundenen religiösen Kompositionen von Johannes Brahms, Frankfurt 1997) nachgewiesen, dass für Brahms die Gestalt Christi und sein Erlösungswerk keine Rolle spielte und dass Brahms in der Spätphase seines Lebens sogar an einem Leben in Gottes ewiger Welt zweifelte.

Das Wort Jesu „Ihr habt nun Traurigkeit…“ scheint für Brahms eher der Ruf seiner sehr betrauerten, kurz vor Entstehung des Requiems verstorbenen Mutter zu sein, die den Trauernden ein Wiedersehen und die damit verbundene Freude in Aussicht stellt. Sehr modern gedacht, aber leider ohne biblisches Fundament.

So sehr jeder Trauernde wünscht, die oder den geliebten Verstorbenen in einer neuen Welt einmal wiedersehen zu können, die Bibel verspricht das mit keinem einzigen Wort. Warum? Wir wissen es nicht mit Bestimmtheit. Ein Grund könnte sein, dass unsere irdische Liebe- oft zum Leidwesen anderer Menschen!- exklusiv ist. Jesus deutet aber in der Geschichte von der Frau, die mit sieben Brüdern nacheinander verheiratet war, an, dass die Exklusivität einer Ehe in Gottes zukünftiger Welt aufgehoben sein wird zugunsten einer Liebe, die offen ist für andere (Markus 12,18ff.).

Weil wir von dieser Welt so gut wie keine Ahnung haben, verzichtet die Bibel mit großer Wahrscheinlichkeit auf Verheißungen, die uns annehmen lassen, dass unsere Freundes-, Ehe- und Familienbeziehungen nach dem Tod einfach fortgesetzt werden. Das Neue wird das ganz andere sein, auch wenn wir davon ausgehen dürfen, dass alles, was hier auf dieser Erde aus echter Liebe geschehen ist, in Gottes ewiger Welt seine Vollendung finden wird. Aber dieses wird eingebettet sein in etwas total unvorstellbar Neues!

Ein mögliches Wiedersehen mit unseren verstorbenen Lieben gibt es nicht automatisch, nicht selbstverständlich, sondern nur durch Jesus Christus, der als der gekreuzigte und auferstandene Erlöser die Schlüssel des Totenreiches besitzt (Offenbarung 1,18). Nicht direkt, sondern nur durch ihn haben wir Gemeinschaft auch mit den im Glauben an ihn Verstorbenen! Das ist etwas, was nicht nur Johannes Brahms, sondern auch den meisten unserer Zeitgenossen verborgen war und ist!

Insofern ist Johannes Brahms ein würdiger Repräsentant von Abertausenden von Christen, die zwar noch von christlichen Grundideen beeinflusst sind, aber sie nach eigenem Gutdünken, und nicht nach biblischen Maßstäben, zurechtschneidern. Wohin diese Freigeistigkeit am Ende führen kann, sehen wir an dem alt gewordenen Brahms, dem aufgrund fehlender Gemeinschaft mit

Jesus Christus die Gewissheit abhanden kam, dass es jenseits des Todes überhaupt noch eine Welt für uns geben könne!

Jesu Verheißung an seine Jünger kurz vor seinem Tod, ihre Traurigkeit aufgrund seines Leidens und Sterbens werde aufgrund seiner Auferstehung und neuen Begegnung mit den Seinen in Freude verwandelt werden, wäre kaum der biblischen Berichterstattung wert, wenn sie nur den unmittelbaren Begleitern Jesu und nicht den nachgeborenen Christen gälte. Darum fragen wir nun nochmals konkret. Was bedeutet es für uns heute, wenn Jesus uns so anspricht:

„Ihr habt nun Traurigkeit; aber ich will euch wiedersehen, und euer Herz soll sich freuen, und eure Freude soll niemand von euch nehmen." (Johannes 16,22)

Abschied und Trauer einerseits und Freude andererseits gehören zu den erschütternden Erfahrungen, die jeder Christ stets von neuem machen kann.

Da sind einmal der Abschied und die Trauer, die uns niederdrücken, wenn etwas um uns herum zerbricht: Der Tod eines Kindes, eines Freundes, einer Mutter oder eines Vaters kann solch ein Einschnitt sein! Tiefe Traurigkeit drückt uns nieder!

Da ist eine Frau, deren Mann sie wegen einer anderen einfach verlassen hat oder ein Arzt, der, zu einem Unfall gerufen, ein in einem verunglückten Zug eingeklemmtes Kind nicht mehr retten konnte! Beide können diese traumatischen Geschehnisse nicht einfach abhaken, nicht einfach vergessen und zur Tagesordnung übergehen! Ihr Leiden wird zu einer regelrechten Leidensgeschichte. Traurigkeit wird die Grundmelodie ihres Lebens.

Da sind wir als Christen, die wir die Nähe Gottes in Christus gespürt haben, berührt von seinem Geist; aber plötzlich: Eine Leere ist in uns, als ob Gott uns vergessen und verlassen habe. Dies stimmt uns traurig!

Schließlich gehört zu unserer Existenz als Christen das Unverständnis derer, die uns ob unserer scheinbar altmodischen Einstellung milde belächeln oder gar heftig attackieren. Wir fühlen uns isoliert und in die Enge getrieben, wir fühlen uns schlecht!

Aber nun sagt uns Jesus: Mitten hinein in die dunkle Melodie eurer Traurigkeit schenke ich euch die darüber liegende, helle, hohe Melodie meiner Gegenwart und Freude!

Mögt ihr auch in dieser Welt immer wieder neu Angst haben, ich habe alles besiegt, was euch Angst macht (Johannes 16,33).

Mögen andere vom Tode Gottes oder (mit den Worten eines Bestsellers) von der „God Delusion" (der Gottes-Täuschung, der Gottes- Verblendung oder dem Gottes- Wahn) sprechen oder schreiben, ich bin euch stetig nahe und schenke euch unmittelbare Nähe zu Gott im Gebet (Johannes 16,26-28).

Mögen euch Verfolgung (Johannes 15,18-27), Tod oder sonstige Kreuzwegerfahrungen eures Lebens mit mir, dem Gekreuzigten, verbinden, ich schenke euch als der euch allezeit nahe, auferstandene Erlöser unzerstörbares Leben (Johannes 11,25), unendliche Freude (Johannes 15,11; 16,20. 21f.24) und vollkommenen Frieden (Johannes 14, 27; 16,33).

Mögen die Klugen dieser vergehenden Welt mit ihren unbeantworteten Fragen die Existenz Gottes bestreiten, ihr werdet aufgrund meiner Nähe die

Rätselhaftigkeit dieser vergehenden Welt im Vertrauen auf Gott ertragen (Johannes 16,23).

Indem ihr auf meine Autorität hin vertrauensvoll mit Gott als mit eurem Vater sprecht, habt ihr Teil an der Freude, die alle ergreift, die Gottes Nähe spüren (Johannes 16,23f.). Indem ihr immer wieder Gott im Gebet begegnet, wird immer neu eure Traurigkeit in Freude verwandelt werden.

Denkt an Paulus, wenn er schreibt: „In allem erweisen wir uns als Diener Gottes: in großer Geduld, in Trübsalen, in Nöten, in Ängsten…, als die Unbekannten, und doch bekannt; als die Sterbenden, und siehe, wir leben; als die Gezüchtigten, und doch nicht getötet; als die Traurigen, aber allezeit fröhlich; als die Armen, aber die doch viele reich machen; als die nichts haben, und doch alles haben.“ (2.Korinther 6, 4ff.)

EIN VON BRENNENDER HOFFNUNG DURCHGLÜHTES LEBEN

„Seid bereit, jedem Rede und Antwort zu stehen, der nach der Hoffnung fragt, die euch erfüllt."
(1.Petrus 3,15, Einheitsübersetzung; Monatsspruch für April 2008)

Bei den meisten Trauerbesuchen habe ich als Pastor die Angehörigen des Verstorbenen gefragt: „Hat die oder der Verstorbene irgendwann einmal darüber geredet, ob sie oder er etwas nach dem Tod erwartet?" Die meisten Antworten machten mich sehr betroffen, weil sie fast gleichlautend waren: „Nein, niemals!"

Da hatte ein Mensch oft während eines langen Lebens von vielen Verwandten und Zeitgenossen Abschied nehmen müssen. Er hatte an manchem Grab gestanden und die christliche Hoffnungsbotschaft gehört. Aber wenn schon kein klares Bekenntnis christlicher Hoffnung, nie kam über seine Lippen ein Satz wie: „Ich möchte das glauben und hoffen können!" „Warum glaubt der Pastor etwas, was so viele Menschen leugnen?" „Gibt es denn eine Gewissheit für etwas, was man nicht sehen und beweisen kann?"

Ich kann gut verstehen, dass ein Christ in dieser nicht ganz einfachen Frage unsicher ist. Ich kann verstehen, wenn ein Christ hier auch von Zweifeln geplagt ist: Wie soll ich eine Welt für real halten können, aus der „noch nie ein Mensch zurückgekehrt ist". Ich habe auch dafür Verständnis, dass ein Christ nicht die rechten Worte für etwas findet, was alles Denken und Erwägen weit übersteigt.

Aber was ich schwer verstehen kann, ist, dass ein Mensch nicht sucht und forscht, wenn es um eine der wichtigsten Fragen menschlicher Existenz geht: Ist der Tod das Ende meines Lebens, oder darf ich darüber hinaus noch etwas erwarten? Wie kann man menschlich leben und sich dieser Frage nicht wirklich stellen? Wie kann man als Christ oder zumindest als suchender Mensch bewusst und wach leben und sich mit den Seinen und kompetenten Christen über diese wichtige Ziel- und Zukunftsfrage nicht austauschen?

In diese lähmende Sprachlosigkeit hinein, die der Tod bei dem bibelfernen Menschen von heute so oft hervorruft, fordert uns der Verfasser des 1.Petrusbriefes auf: „Seid stets bereit, jedem Rede und Antwort zu stehen, der nach der Hoffnung fragt, die euch erfüllt." Der apostolische Briefschreiber fordert dazu nicht lediglich professionelle Wortverkündiger auf, sondern jeden, der sich als Christ ansieht.

Ja, was ist die Hoffnung, zu der wir als Christen berufen sind? Was ist das Ziel unseres Lebens? Was treibt uns voran? Was gibt uns Mut?

Ist es das Nichts, das beispielsweise der beliebte Moderator Joachim Fuchsberger und der ehemalige Kanzler Helmut Schmidt gemäß ihren Antworten in Fernsehinterviews erwarten? Ist es (vor dem „Nirwana") das „Rad der Wiedergeburt", dem gemäß ich vielleicht mehrfach als Tier wieder auf die Erde zurückkomme, wie es der populäre Dalai Lama und mit ihm viele Buddhisten annehmen? Ist es das Paradies in Gesellschaft mit zahlreichen „Jungfrauen", das sich manch muslimischer Selbstmordattentäter erträumt, indem er sich gar als „Märtyrer" sieht? (Aber an einen Gott, der solche Menschen belohnt, die mit ihrer Selbsttötung zahlreiche unschuldige Menschen mit in den Tod reißen, kann ich nicht glauben!)

Nein, die Bibel verkündet nicht das Nichts nach dem Tod; sie deutet nicht mit einem Wort eine wiederholte Existenz des Menschen auf dieser Erde nach seinem Tod an; (die angekündigte „Wiederkehr des Elia“, der ja nicht gestorben und beerdigt worden ist, sondern „entrückt“ worden war, ist eine Besonderheit, die die Regel bestätigt). Die Bibel verheißt den Märtyrern tatsächlich außergewöhnliche Freude in Gottes zukünftiger Welt (Matthäus 5,10-12), aber sie bezeichnet nie solche Menschen als Märtyrer, die ihrem Leben ein Ende setzen und andere Menschen dabei zielgerichtet mit in den Tod reißen.

Die Bibel berichtet davon, dass wirklich einer aus dem Totenreich auf die Erde zurückgekommen ist, nämlich Jesus Christus. Es wäre gut, wenn jeder Christ sich intensiv durch eigene wiederholte Lektüre mit den Ostergeschichten und den Begegnungsgeschichten mit dem Auferstandenen in dem jeweils letzten Kapitel der Evangelisten Matthäus, Markus und Lukas und den beiden letzten Kapiteln des Evangelisten Johannes vertraut macht.

Es wäre ferner gut, wenn jeder Christ das 15. Kapitel des 1. Korintherbriefes wieder und wieder liest. Es handelt von dem Zusammenhang zwischen der Auferstehung Jesu Christi und der Auferstehung der Toten. Es deutet die Existenzweise nach der Auferstehung an. Schließlich sollte jeder Christ die letzten drei Kapitel der Offenbarung Johannes (20-22), des letzten Buches der Bibel, genau studieren: Da lesen wir etwas über das Tausendjährige Reich, den letzten Kampf zwischen Gott und Satan auf der Erde, das Weltgericht, den neuen Himmel und die neue Erde und ihre Vereinigung und Charakteristika dieser neuen Welt. Sie wird eine Welt ohne Leid, Geschrei, Schmerz, Tränen und Tod sein. Gott aber wird bei den Menschen wohnen und ihnen unendlich nahe sein.

Davon, dass die Hoffnung auf Gottes neue und ewige Welt nicht Gleichgültigkeit gegenüber dieser irdischen und vergehenden Welt bedeutet, spricht Jesus in dem Gleichnis von den anvertrauten Zentnern, die wir auch als die uns anvertrauten Begabungen und Dinge ansehen können (Matthäus 25, 14-30). Dass unser Verhalten auf dieser Erde gerade gegenüber den Notleidenden durchaus nicht gleichgültig für unsere Stellung in Gottes ewiger Welt sein wird, beschreibt Jesus eindringlich und ausführlich Matthäus 25, 31-46 mit der Kurzform: „Was ihr getan habt einem von diesen meinen geringsten Brüdern, das habt ihr mir getan.“ (Vers 40)

Das Neue Testament stellt auch das Kommen Jesu in Herrlichkeit am Ende der Weltzeit wiederholt in Aussicht. Mögen sich manche Sektierer darauf spezialisiert haben, das Jahr dieses großen Ereignisses zu errechnen, Christus sagt dagegen deutlich, dass nur der Vater im Himmel den von ihm festgelegten Zeitpunkt kenne (Apostelgeschichte 1,7).

Da die Christenheit auf diesen großen Tag nun schon fast 2000 Jahre wartet, ist sie in Gefahr, müde zu werden und die brennende Hoffnung darauf mehr oder weniger aufzugeben. In Voraussicht dessen hat Jesus das Gleichnis von den Brautjungfern erzählt, die wegen der verzögerten Ankunft des Bräutigams allesamt einschliefen (Matthäus 25, 1-13). Als sie aber zu ungewöhnlicher Zeit (um Mitternacht!) nochmals durch einen lauten Ruf daran erinnert wurden, dass der Bräutigam tatsächlich (wenn auch deutlich verspätet) komme, da waren nur die Brautjungfern von Nutzen, die sich für diesen Eventualfall vorbereitet hatten.

Ohne Bild gesprochen: Nur die Christen, die zu Lebzeiten die Nähe Gottes wirklich suchen, werden innerlich vorbereitet sein, wenn Gott sie zum überraschenden Zeitpunkt ihres Todes oder des Kommens Jesu in Herrlichkeit herausfordert, aus dieser vergehenden in die unvergängliche Welt zu schreiten! Alle anderen Menschen stehen dann in der Gefahr, sich müde und matt an der

Todeswelt festzukrallen und im entscheidenden Moment folgenreich zu versagen.
Am 16. Oktober dieses Jahres 2008 begeht die Christenheit den vierhundertsten Jahrestag des Todes von PHILIPP NICOLAI. Er starb im Amt eines Hauptpastors an der Katharinenkirche in Hamburg. Er war ein so herausragender Prediger und Theologe, dass die Universitäten Greifswald und Wittenberg ihn gerne als Professor gehabt hätten. Er lehnte diese Berufungen aber ab.

Was hat Philipp Nicolai auf Erden unsterblich gemacht? Seine theologischen Kämpfe gegen Rom und gegen die Calvinisten? Nein, inzwischen bemühen wir uns um Ökumene, und Rom hat Frieden mit Philipp Nicolai geschlossen, indem seine beiden Lieder in das „Gotteslob“ mit aufgenommen wurden. Lutheraner wie Reformierte haben jetzt Kanzel- und Altargemeinschaft. Bleibend berühmt geworden ist Philipp Nicolai durch seine Auseinandersetzung mit dem Tod als wahrhafter Verkündiger christlicher Hoffnung.

Als er 1599 als Pastor von Unna (Westfalen) aufgrund der Pest täglich 24-30 Menschen beerdigen musste und die Stadt aufgrund des Massensterbens fast in Panik geriet, da zog er auf den Friedhof und schrieb das seelsorgerliche Hoffnungsbuch „Freudenspiegel des ewigen Lebens“. Er veröffentlichte es zusammen mit zwei Liedern, die er sowohl dichtete wie komponierte: „Wie schön leuchtet der Morgenstern“ (EG 70; Gotteslob 554) und „Wachet auf, ruft uns die Stimme“(EG 147; Gotteslob 110).
Großartige Lieder der christlichen Hoffnung, machtvoller Ausdruck der Liebe zu dem auferstandenen Herrn, der die Seinen wie ein Bräutigam seine Braut liebt. Als Herr über den Tod wird er seine geliebten Freunde nicht im Tod lassen. Ob wir nicht wenigstens das jedem bezeugen können, der uns danach fragt?

EIN LEBEN, DAS OFFEN IST FÜR UNGEWÖHNLICHE GEISTESGABEN, JEDOCH TROTZ TIEFER VERBUNDENHEIT MIT GOTT DEN GESUNDEN, NÜCHTERNEN UND ERDVERBUNDENEN VERSTAND ALS GABE GOTTES NUTZT UND NICHT ABHEBT

„Ich will nicht nur im Geist beten, sondern auch mit dem Verstand."
(1. Korinther 14, 15, Einheitsübersetzung; Monatsspruch für Mai 2008)

Der frühere Oldenburger Bischof Wilhelm Stählin hat einmal bemerkt, es sei gewiss kein Zufall, dass die Zeit der Reformation weder zur Apostelgeschichte noch zu den Korintherbriefen einen Kommentar hinterlassen habe. Offenbar habe die Seite im Werk des Heiligen Geistes, wie sie sich nicht nur durch die Wortverkündigung, sondern durch die vielfältigen Charismen im Bau und in der Erhaltung der Gemeinde auswirkt, zum mindesten nicht im Vordergrund ihrer Aufmerksamkeit gestanden. Hier hätten wir auch theologisch etwas nachzuholen.

Von der Frömmigkeitswelt orthodoxer oder römisch- katholischer Prägung wird man ähnliche Aussagen im Blick auf viele zurückliegende Jahrhunderte machen können. Lange haben die „Großkirchen" mit Unverständnis und deutlicher Distanz auf die „ekstatischen" Phänomene der Urchristenheit oder der sich rasch ausbreitenden Pfingstkirchen geblickt. Oft wurde dabei sogar Paulus selbst mit dem Monatsspruch als Zeuge aufgerufen.

Erst die charismatische Bewegung, die sich in den letzten Jahrzehnten innerhalb der Großkirchen ausgebreitet hat, ermöglichte eine neue Sichtweise des „Betens im Geist", das Luther und auch neuere Ausleger der Bibel überwiegend als

„Zungenreden“ oder „Glossolalie“ übersetzen. Aber beim „Beten im Geist“, dem sogenannten „Zungenreden“, spielt die Zunge keine andere Rolle als beim gewöhnlichen Reden auch.

Da aber das griechische Wort „glossa“ sowohl die Zunge wie auch die Sprache meint, ist beim „Beten im Geist“ besser vom „Sprachenreden“ zu sprechen, also von einem Reden in einer durch Inspiration eingegebenen, für den Hörer unverständlichen Sprache, die der Charismatiker weder erlernt hat noch versteht.

Um dem von Bischof Stählin angemahnten theologischen Nachholbedarf andeutungsweise gerecht zu werden, nenne ich hier einige aus der charismatischen Bewegung der Neuzeit mitgeteilte Besonderheiten des „Betens im Geist“, des inspirierten Redens in fremden Sprachen:

- Nach Markus 16,17 gehört das Beten im Geist mit zu den Zeichen, die denjenigen folgen, die zum Glauben gekommen sind.

- „Beten im Geist“ ist ein Reden in verschiedenen Sprachen (1. Korinther 12, 10) der Menschen (Apostelgeschichte 2, 8-11) oder der Engel (1. Korinther 13,1).

- Beim „Beten im Geist“ ist zwar der Verstand inaktiv (1. Korinther 14, 14), aber derjenige, der in neuen Sprachen betet, hat völlige Kontrolle über sein Sprechen, er kann anfangen, aufhören und schweigen (1. Korinther 14, 28). Nach Römer 8, 26 sei uns diese Art des Betens deshalb gegeben, „weil wir nicht wissen, was wir“ -so wie es gerade nötig ist- „beten sollen; der Geist selber tritt jedoch für uns ein, mit unaussprechlichem Seufzen“. Das Geheimnis als Geheimnis sei nicht nur unausdenkbar, nicht nur unbegreifbar, sondern auch unaussprechlich. Noch so viele Worte könnten es nicht aussagen. In eben dieses unaussprechliche Geheimnis werde der Betende hineingenommen, wenn er „im Geiste" betet. Der Geist selbst bete in uns und mit uns zu Gott selbst. „Solange jedoch der ‚Sinn für das Geheimnis' nicht neu geweckt ist (wie nötig wäre dies in einer mehr und mehr von Menschen selbst hergestellten Umwelt) wird auch das Sprachengebet missdeutet, lediglich wissenschaftlich analysiert, beobachtet und verspottet werden", sagt der römisch- katholische Dogmatiker Prof. Heribert Mühlen.

- Der Inhalt des Redens in neuen Sprachen sei Beten (1.Korinther 14, 14), Danken bzw. Anbeten (1.Korinther 14, 16 und 17), Fürbitte (Römer 8, 27; Epheser 6, 18), Reden über die großen Taten Gottes (Apostelgeschichte 2,11; 10, 46) und Reden zu Gott (1. Korinther 14, 2).

- Mit dem Beten in inspirierten Sprachen verbindet sich für viele eine besonders eindrückliche Erfahrung der Gegenwart Gottes. So wird das Sprachenreden beschrieben als „Beten im Heiligen Geist in großer Klarheit und Einfachheit, ein Stehen vor Christus unter Umgehung kritisch- intellektueller Reflexion, das jedes Mal, wenn es empfangen wird, wieder eine Überraschung ist".

- Schließlich wird in Verbindung mit den genannten Aspekten immer wieder die geistliche Vergewisserung und Stabilisierung betont, die durch das Sprachengebet erfahren werde. Es stelle eine Hilfe in verschiedenen Situationen dar, sei hilfreich bei der Predigtvorbereitung und in der Seelsorge. Mit dieser Gabe könne geistliche Leere überwunden werden, und sie habe überhaupt eine „seelenhygienische" Bedeutung.

Wir sollten also nicht Paulus gegen ihn selbst ausspielen: Der Apostel selbst dankt Gott, dass er diese Gabe in überreichem Maße besitzt (1. Korinther 14, 18) und bittet die Gemeinde, sie nicht zu unterdrücken (1. Korinther 14, 39). Aber dieses Charisma ist zu allererst zur Erbauung des Christen selbst bestimmt, der diese Gabe erhalten hat (1. Korinther 14, 4), darum vor allem in der privaten Abgeschiedenheit auszuüben und für den Gottesdienst nur dann geeignet, wenn das unverständliche Reden durch das Charisma der Interpretation in verstehbarer Sprache für den Gottesdienstteilnehmer zugänglich gemacht wird (1. Korinther 14, 26-28).

Wenn nämlich das inspirierte Reden in fremden und unverständlichen Sprachen ohne Interpretation im Gottesdienst ausgeübt wird, kommen Nichtchristen oder am Christentum Interessierte, die an einem Gottesdienst teilnehmen, zu dem Schluss, sie seien in einem Irrenhaus gelandet (1. Korinther 14, 25). Wichtiger ist Paulus die Gabe prophetischen Redens, weil in ihr Geist und Verstand so zusammenwirken, dass alle Gottesdienstbesucher einen Gewinn haben (1. Korinther 14, 24.25.39).

Die Liebe (1. Korinther 13), auch zu den Suchenden, Randsiedlern und Fremden, ist nach Paulus der entscheidende Prüfstein eines christlichen Gottesdienstes. Anders gewendet: Was kann ein nicht kirchlich sozialisierter Mensch in unseren Gottesdiensten verstehen? Bemühen wir ausreichend unseren „Verstand", darüber nachzudenken, wie wir in unseren Gottesdiensten Menschen erreichen, die das ABC des kirchlichen Vokabulars und kirchlicher Lieder, Gottesdienstordnungen und Bräuche noch nicht oder nicht mehr kennen?

Ich will das anhand der Gestalt Walter Hollenwegers erläutern: Er wirkte als Pfingstprediger, bevor er wissenschaftliche Theologie studierte und danach in einer zehnbändigen, nur auf Mikrofilm zugänglichen Dissertationsarbeit (Kurzfassung: Enthusiastisches Christenum- Die Pfingstbewegung in Geschichte und Gegenwart, 1969) die klassische Pfingstbewegung darstellte.

Er wies darin nach, dass die weite Verbreitung der Gabe des Sprachenredens bei den Mitgliedern der Bewegung und als Prüfstein einer angeblichen „Geisttaufe" des einzelnen für diejenigen Mitglieder verhängnisvoll sei, die diese Gabe nicht erhalten haben. Seine hohe, vielfältige Begabung führte dazu, dass der Weltrat der Kirchen Hollenweger als „Referenten für Fragen der Verkündigung" nach Genf holte und er danach in Birmingham als Professor Missionswissenschaft und interkulturelle Theologie unterrichtete.

Zur Frage des „Sprachenredens" sagt er trotz aller kritischen Beurteilung: „Die Kirche der Zukunft ist eine Kirche, die beide Existenzen des Menschen, die emotionale und die rationale ernstnimmt... Der Flut der Reklame, der Werbeslogans, der Vergnügungsindustrie müssen wir eine kräftige, lebendige Emotionalität entgegenstellen, eine Emotionalität, die in den Horizont des Verstehens gerückt und interpretiert wird."

Die Forderung des Paulus (1. Korinther 14, 22-25), dass ein Randsiedler der Kirchengemeinde im Gottesdienst nicht durch eine Insidersprache abgeschreckt wird, aktualisiert Hollenweger so: „Hier wird der nichtkirchliche Mensch, der andere, der, der draußen steht, zum Stilprüfer der Gebete, Lieder und Predigten. Wir haben also Wege zu suchen, durch die der ‚Uneingeweihte` seine Gabe- die Gabe der Unvoreingenommenheit, die Gabe, dass er für die anderen, für die Nichtkirchlichen sprechen kann- in unseren Kirchen ausüben kann...Unter solchen nichtkirchlichen Menschen gibt es Journalisten und Redaktoren, Dichter und Dramaturgen, Lehrer, Kunstmaler und Graphiker. Sie können uns helfen, bessere Gebete, bessere Lieder, verständlichere Predigten, klarere Bildsymbole und Graphiken zu machen."

EIN LEBEN, DAS ZUR EHRE GOTTES DES RETTERS BEGEISTERT SINGT

„Meine Stärke und mein Lied ist der Herr, er ist für mich zum Retter geworden."
(2. Mose 15, 2, Einheitsübersetzung; Monatsspruch Juni 2008)

Das Lied des Mose in 2. Mose 15, 1–18 kann nach heutiger jüdischer Deutung im Kern sein eigenes sein. In seiner jetzigen Fassung hat es wahrscheinlich das Judentum des 6. oder 5. Jahrhunderts vor Christus aus der Sichtweise der Sesshaftigkeit in Palästina dem Mose in den Mund gelegt. Es besingt die Rettungstat, mit der Gott selbst sein erwähltes Volk Israel (wahrscheinlich im 13. Jahrhundert vor Christus) aus dem Sklavendienst in Ägypten befreite.

Nicht Mose, sondern Gott selbst hatte sein Volk errettet. Israel musste dabei keine einzige Kugel, nicht einmal einen Pfeil abschießen. Von Schadenfreude ist in der ganzen Befreiungsüberlieferung keine Rede. In der rabbinischen Auslegung wird einmal vermerkt, dass nach der Vernichtung des ägyptischen Heeres die Engel im Himmel einen Freudengesang angestimmt hätten. Diesen aber habe der Allmächtige untersagt mit den Worten: „Es waren doch meine Geschöpfe, die da umgekommen sind, und ihr seid bereit zu singen."

Nach Beendigung des Dankliedes durch Mose und die Männer Israels nahm Mirjam, die Prophetin, Aarons Schwester, das Tamburin in ihre Hand, und alle Frauen zogen hinter ihr heraus mit Tamburinklängen und in Reigentänzen. Und Mirjam stimmte für sie einen weiteren Gesang an: „Singet Jahwe: hoch erhaben ist er. Ross und (seinen) Reiter warf er ins Meer!" (Ex 15, 20–21) Gott hatte sich als treu erwiesen, indem er die vorzeiten Abraham, Isaak und Jakob gegebenen

Verheißungen durch seine Befreiungsaktion nachhaltig bekräftigte und neu ermöglichte. Wenn Gott in der grandiosen Rettung der aus Ägypten ausziehenden Israeliten vor den Eliteeinheiten des Pharao seine Macht so eindrucksvoll kundtat, dann durften und dürfen die Israeliten und später die dem Vater des Messias Jesus folgenden Christen fortan glauben, dass dieser Gott auch in Zukunft seine Pläne zielgerichtet verfolgen und die Seinen führen, vor der Willkür böser Menschen retten und sie aus vielfältigen Gefangenschaften befreien könnte und würde.

Die grundlegende Befreiungsaktion Gottes haben wir Christen in Jesu Ostersieg erfahren. Sünde, Tod und Teufel müssen uns nun nicht mehr versklaven!

Als ich im vorigen Jahr mit einer Reihe von anderen in der Diakonie tätigen Personen aus den Kirchen der Norddeutschen Mission die Partnerkirchen in Togo und Ghana besuchte, da nahmen wir auch an Gottesdiensten teil. In einem 3 ½ Stunden dauernden Sonntagsgottesdienst am Sitz der Kirchenleitung in Ho/Ghana waren wir Christen aus Deutschland beeindruckt von dem lebendigen Gesang aus Hunderten von Kehlen, von den Darbietungen von 11 Chören und von den tänzerischen Prozessionen, nicht nur der Chöre beim Einzug in die Kirche, sondern auch von allen Gottesdienstteilnehmern beim Nachvornekommen, um in großen Körben die Kollekten abzugeben.

Durch das vielfältige, abwechslungsreiche Singen und Musizieren und die tänzerischen Prozessionen kam die unsere afrikanischen Mitchristen beseelende Freude derart intensiv zum Ausdruck, dass wir Gäste, die wir aus akustischen und sprachlichen Gründen vom sonstigen Geschehen des Gottesdienstes wenig verstanden, durch diesen Gottesdienst von tiefer Freude erfüllt wurden. Wir hatten erfahren, dass der Vater Jesu Christi für unsere afrikanischen Schwestern und Brüder ihre Stärke und der Inhalt all ihrer ergreifenden Lieder ist, weil sie ihn als Retter erfahren!

Sie waren damit nicht automatisch von allen Übeln befreit worden, unter denen sie leiden: Nach wie vor kann die Hälfte aller Ghanaerinnen nicht lesen oder schreiben, Armut, gefährliche Krankheiten und frühe Sterblichkeit bei einer durchschnittlichen Lebenserwartung von 57 Jahren bedrohen nach wie vor auch unsere christlichen Geschwister in Ghana. Aber sie haben den Retter als ihren Herrn gefunden und angenommen, der letztlich größer ist als alle diese Bedrohungen.

Das schließt nicht aus, dass im Namen dieses befreienden Gottes schwarze und weiße Christen mit dazu beitragen, dass in Afrika Gesundheitsdienste verbessert, Gesundheitsvorsorge vertieft, Bildung auch auf die Mädchen umfassend ausgeweitet und wirtschaftliche Strukturen gestärkt werden! Aber schon jetzt zu wissen, dass Sünde, Tod und Teufel einem Christen letztlich nichts mehr anhaben können, ist noch wichtiger als alle noch so wichtigen und wünschenswerten Verbesserungen der Lebensverhältnisse!

Wenn der Grund, den starken Gott mit Liedern, Instrumenten und Tänzen zu preisen, sein Rettungshandeln ist, dann liegt die Frage nahe: Rettet Gott immer und überall? Was ist dann, wenn Gott nicht rettet- wie etwa die sechs Millionen Juden, die dem Holocaust zum Opfer fielen? Wie steht es mit den Millionen von Menschen, die Jahrhundert für Jahrhundert infolge von Kriegen, von Hunger und Katastrophen einen oft jähen und frühen, nicht selten schrecklichen Tod gefunden haben?

Manche Christen sprechen Gott von einer Mitverantwortung hierfür frei, weil ja in der Tat viele Kriege, viele Hungersituationen und nicht wenige Katastrophen eine menschliche Ursache haben. Was aber ist mit den mehr als zwei Millionen Menschen, die allein im 20. Jahrhundert aufgrund von Erdbeben ums Leben gekommen sind? Diese Erdbeben waren aus heiterem Himmel, völlig überraschend und mit ungeheurer Zerstörungskraft nicht nur über böse, sondern auch über gute und hilfsbereite, ja sogar fromme Menschen schicksalhaft hereingebrochen und hatten sie zermalmt. All das zeigt uns, dass diese Erde noch nicht das letzte Ziel der Pläne Gottes ist. So wenig selbst wir Christen wissen, warum Gott der Erde und den auf ihr lebenden Menschen schreckliche Dinge zumutet, eines ist notwendig zu sehen: Gott lediglich auf die Verbesserung irdischer Verhältnisse zu beschränken, ist zu wenig, ist zu eng. Gottes Ziel ist eine neue Welt, in der wir vom Tod und schicksalhaften Mächten wie unheilbaren Krankheiten, heimtückischen Terrorangriffen und unberechenbarem Unglück endgültig befreit sein werden (Offb 21, 1–7)! Dass Gott unfehlbar diese bleibend heile Welt einst kommen lassen wird, so wahr er es schon jetzt Ostern hat werden lassen, das können wir rühmend besingen und sehnlich erbitten!

Wir können aber ebenso besingen, dass Gott mitten in einer vordergründig vom Tod beherrschten Welt mitunter Rettungen gelingen lässt, die atemberaubend sind. So ist es beispielsweise im Oktober des vorigen Jahres gelungen, 3 200 schwarze Bergleute, die in zwei Kilometer Tiefe in einem Goldbergwerk Südafrikas eingeschlossen waren, nachdem der Transportschacht für die Kumpel unpassierbar geworden war, durch einen Behelfsschacht in einer 35 Stunden dauernden Rettungsaktion ohne Ausnahme zu retten!

Mögen zwar tropische Wirbelstürme durch die von Menschen mit verursachte Erderwärmung in Zukunft noch an Häufigkeit zunehmen, auch ohne menschliches Zutun hat es schon immer unter bestimmten klimatischen Bedingungen tropische Wirbelstürme mit verheerenden Folgen für die Natur, die

Seeleute, die Dörfer, Städte und ihre Bewohner gegeben. Aber im Zentrum jedes Wirbelsturmes gibt es das „Auge“, eine windfreie, niederschlagsfreie und wolkenarme Zone. Im „Auge“ eines solchen Weltensturmes dürfen sich alle wissen, die sich Gott anvertrauen: Er rettet aus den größten Katastrophen, selbst aus der Katastrophe des eigenen Sterbens!

Er möchte letztlich alle retten, Juden und Palästinenser, ja Menschen gleich welcher Religion! Was hoffentlich vielen anderen Menschen noch bevorsteht, ist für glaubende Juden und Christen schon erfahrene Realität geworden: Weil wir das rettende Handeln des Gottes der Väter und des Vaters Jesu Christi beglückend erfahren haben, preisen wir vielfältig und vielstimmig seine große Macht und Liebe!

EIN VERTRAUENDES, WEIL IN GOTTES SCHUTZ GEBORGENES LEBEN

„Von allen Seiten umgibst du mich und hältst deine Hand über mir.“
(Psalm 139, 5, Luther-Übersetzung; Monatsspruch Juli 2008)

Ein modernes Theaterstück beginnt mit den Worten: „GELD IST GOTT“. Das Bühnenwerk behauptet, es sei heute eine größere Provokation, in der Öffentlichkeit Hundert-Euro-Scheine zu verbrennen als die Bibel. Mit der Formel GELD IST GOTT könnte man den 139. Psalm, meinen Lieblingspsalm, neu fassen, also auch unseren Monatsspruch: „Von allen Seiten umgibst du mich, mein gottgleiches Geld, und hältst deine starke Hand über mir.“ Deine Größe und Einmaligkeit begegnen mir überall, dort, wo ich dich habe und dort, wo es mir an dir fehlt. Du Geld, bist allmächtig, allgegenwärtig und allwirksam. Ohne dich ist nichts möglich, ohne dich ist alles sinnlos, alles leer. Ohne dich ist das Nichts.

Aber gemach: Würde man von dem GOTT mit Namen GELD auch sagen können, was der Psalmist bekennt: „Führe ich gen Himmel, so bist du da, bettete ich mich bei den Toten, siehe, so bist du auch da?“ (Vers 8) Würde man von dem GOTT mit Namen GELD auch sagen können: „Du hast mich gebildet im Mutterleibe“ (Vers 13), „du verstehst meine Gedanken von ferne“ (Vers 2) und „deine Augen sahen mich, als ich noch nicht bereitet war und alle Tage waren in dein Buch geschrieben, die noch werden sollten und von denen keiner da war“ (V16f.)?

Nein, das alles vermag der GOTT mit Namen GELD nicht und erweist sich deshalb als Götze. Er kennt mich nicht, er versteht mich nicht, er lenkt nicht fürsorglich und Anteil nehmend mein Leben, ihm verdanke ich mich nicht. Er ist erbarmungslos, wo es mir an ihm fehlt, und er ist herzlos, wo mein Herz nach Liebe dürstet. Darum ist der GOTT GELD ein grausamer Götze!

Nicht so aber DER GOTT DER BIBEL, der Gott Abrahams, Isaaks und Jakobs, der Vater Jesu Christi. Er umgibt mich liebevoll von allen Seiten und hält seine zärtliche, schützende und lenkende Hand über mir.

Das weiß ich spätestens, seit ich von Jesus Christus erfahren habe, dass der Vater des verlorenen Sohnes ihn in seinem Herzen auch noch auf seinen Abwegen und in seinem totalen Scheitern begleitet, wie wir aus des Vaters bedingungsloser und überschwänglicher Aufnahme des Zurückgekehrten schließen können (Lukas 15, 11-32).

Für den Beter des 139. Psalms hat die Gegenwart Gottes, der wir nirgendwo entrinnen können, nicht nur etwas Beglückendes, sondern auch etwas Bedrohliches.

Wörtlich heißt der Vers 5 nach Artur Weiser: „Hinten und vorn hast du mich eingeschlossen…“, und das Bedrohliche kommt in der Übertragung von Martin Buber noch deutlicher heraus: „Hinten, vorn engst du mich ein, legst auf mich deine Faust.“ Gott beschert den Seinen nicht nur rosige Tage, sondern mutet ihnen, wie dem Psalmbeter, zu, für ihren Glauben manchmal sogar noch verspottet und angeklagt zu werden (Verse 19-22). Aber Gott, der in die verborgenen Tiefen des Glaubenden hineinsieht, kann ihn rechtfertigen vor aller Welt (Vers 2) und, wenn nötig, korrigieren (Verse 23- 24).

Ja, der Gott der Bibel ist kein harmloser „Hausgott“, der viele Menschen nur so lange interessiert, wie er ihnen nützlich erscheint und dabei ihren persönlichen, sozialen, politischen oder nationalen Interessen dient. Wenn aber solche Menschen entdecken, dass dieser vermeintliche Gott nicht nach ihren Wünschen funktioniert, dann lassen sie ihn wie einen Götzen, der ausgedient hat, fallen. Nein, der faszinierende und auch den Beter des 139. Psalms zutiefst anrührende Gott ist von richtender und damit auch bedrohlicher Erhabenheit und überschwänglicher Gnade zugleich.

In einer Zeit der Gottvergessenheit, in der das öffentliche Leben auch ohne Gott scheinbar bestens funktioniert, erliegen wir in der Kirche oft der Versuchung darzulegen, wozu der Glaube an Gott gut ist: Zur Glücksfindung, zur Besserung der sozialen und politischen Verhältnisse, zum Schutz des Klimas und so fort. Aber der Gott, den der Beter des 139. Psalms erfahren hat, erfährt nicht Bewunderung, Verehrung, Hingabe und Vertrauen, weil er zu etwas nützlich ist, sondern weil er DER WAHRE GOTT ist.

Der Beter gibt sich diesem Gott hin, weil er als der einzig wirkliche Gott sein Ursprung, sein Lebenselement, sein steter Wegbegleiter und sein Ziel ist. Er hat diesen Gott als den erfahren, dem er sich und alles verdankt. Er hat diesen Gott als den erfahren, der um seiner selbst und nicht um irgendwelcher Wohltaten willen Verehrung, Vertrauen und eine Beantwortung seiner Liebe verdient.

Dass der Glaube an diesen Gott am Ende auch Früchte für den einzelnen Menschen und für die Gesellschaft trägt, ergibt sich von selbst. Aber nicht wegen dieser Früchte verdient Gott unsere Hingabe, sondern weil er als Gott und Ursprung des ganzen Universums die höchste Ehrfurcht und Hingabe verdient.

Der Oxforder Naturwissenschaftler und Atheist Richard Dawkins, der mit seinem Weltbestseller „The God Delusion“ (2006) uns Christen aufgeschreckt hat, wurde in einer Fernsehsendung von dem Moderator Johannes B. Kerner gefragt, ob er einen Notfallplan für den Fall habe, dass es entgegen seiner festen Überzeugung doch einen Gott gäbe und er ihm nach seinem Tod begegne.

Darauf antwortete Dawkins, er werde dann Gott vorhalten, dass es keine ausreichenden Beweise für ihn gab. Dawkins hat mit seiner These, niemand könne beweisen, dass es Gott gibt, Eulen nach Athen getragen. Seit geraumer Zeit gibt es keinen Ernst zu nehmenden Theologen, der versucht, die Existenz Gottes zu beweisen. Weder die Existenz noch die Nichtexistenz Gottes sind zu beweisen. Aber Gott lässt sich erfahren von denen, die aufrichtig nach ihm fragen und ihn intensiv suchen (Sprüche 8, 17; Jeremia 29,13f.).

Für Jesus war Gottes Wirken und Gegenwart nicht nur in biblischen Worten, sondern auch in den Dingen der Schöpfung durchscheinend: Die Vögel des Himmels und die Lilien auf dem Felde waren ihm Anschauung für Gottes Fürsorge und künstlerisches Schaffen. Das einzelne Haar auf dem Kopf und der Spatz auf dem Dach erinnerten Jesus daran, wie Gott im scheinbar Unbedeutendsten und Kleinsten am Werke ist. Wein und Brot, Salz und Licht wurden für Jesus Symbole für Gottes Wirken an den Seinen und durch sie in der Welt. So wurde für Jesus die ganze Welt Zeichen für Gottes Gegenwart, Weisheit und Königreich, das sich öffnet hin zur Rettung der ganzen Menschheit und Erde.

Heinz Zahrnt hat in seinem Buch „Gotteswende“ einmal geschrieben (S 95), dass das Erlebnis der Allgegenwart Gottes eine Macht und Weite gewinnt, dass es in die Nähe des Pantheismus gerät. Wer darin eine Verletzung des monotheistisch- personalen Gottesglaubens sehe, solle sich daran erinnern lassen, dass selbst Martin Luthers Rede von Gott gelegentlich einen pantheistisch- kosmischen Schimmer verrate. So schreibe Luther in seiner Abendmahlsschrift „Dass diese Worte usw.“ (1527, WA 23, 133 u. 133):

„Die göttliche Gewalt mag und kann nicht also beschlossen und abgemessen sein, denn sie ist unbegreiflich und unermesslich, außer und über alles, das da ist und sein kann. Wiederum muss sie an allen wesentlich und gegenwärtig sein, auch in dem geringsten Baumblatt.“ Gott „muss ja in einer jeglichen Kreatur in ihrem Allerinwendigsten, Auswendigsten, um und um, durch und durch, unten und oben, vorn und hinten selbst da sein, dass nichts Gegenwärtigers noch Innnerlichers sein kann in allen Kreaturen denn Gott selbst mit seiner Gewalt“.

Natürlich bedeutet das keine Vergöttlichung der Natur. Gott und auch wir Menschen stehen ihr gegenüber, aber wir begegnen auch in ihr dem lebendigen Gott, seiner Schönheit, seinem Einfallsreichtum, seinem Schöpfer-Geist und seiner Weisheit.

Auch in allen irdischen Lebensvollzügen begegnen wir Gott, mit folgenden Einschränkungen (nach C.H. Ratschow):- Wir begegnen Gott hier oder dort, aber Gott bleibt mehr als seine Erweisungen. - Gott erweist sich so oder so. Stets aber bleibt er der „Kommende“. Alle Bruchstückhaftigkeit unseres Gotteswissens wird von dem Bleibenden der Verheißung überholt, dass wir einst Gott schauen und erkennen sollen. - Jede spekulative Überhöhung unseres Gotteswissens bleibt verwehrt.

Dem Psalmbeter können wir Christen darin nacheifern, Gott immer neu und überall zu begegnen, mit ihm zu sprechen und ihn zu bezeugen. So wichtig kirchliche Reformen sein mögen, dies ist für die Zukunft des Christentums noch viel wichtiger.

EIN LEBEN, DAS KINDERN ALS GOTTES GESCHENKEN UND LIEBLINGEN HÖCHSTEN WERT ZUERKENNT

„Siehe, Kinder sind eine Gabe des Herrn, und Leibesfrucht ist ein Geschenk.“
(Psalm 127, 3, Luther-Übersetzung; Monatsspruch für August 2008)

Der Psalmist aus Israel wird auch durch Weisheiten anderer Länder bestätigt: „Das Juwel des Himmels ist die Sonne, das Juwel des Hauses ist das Kind.“ (China) „Kinder sind eine Brücke zum Himmel.“ (Persien) „Drei Dinge sind aus dem Paradies geblieben: Sterne, Blumen und Kinder“. (Dante Alighieri, Italien, 1265- 1321)

Dagegen steht die Wirklichkeit in unserem Land. „Männer im Zeugungsstreik“, so lautete die Überschrift einer überregionalen Zeitung in Deutschland vom vorigen Jahr. Der Artikel beruft sich auf das Ergebnis einer Befragung des BAT-Freizeitforschungsinstituts. Danach sagten 43 Prozent der befragten Männer im Alter von 18 bis 39 Jahren, dass ihnen Freizeit und Reisen wichtiger seien als Heirat und Familiengründung. Kinder sehen viele dieser Männer als Entwicklungsbremse. Auch der finanzielle Aufwand für Kinder, mögliche Arbeitslosigkeit und nicht auszuschließende Trennungen und Scheidungen sind Faktoren, die viele Männer in ihre Überlegungen mit einbeziehen.

Der Anteil der Frauen, die keine Kinder wollen, liegt deutlich unter dem Anteil der entsprechenden Männer. Aber es gibt solche Frauen, sogar in Frankreich, dessen Geburtsrate deutlich über derjenigen von Deutschland liegt. Letztes Jahr schrieb die französische Bestsellerautorin und zweifache Mutter Corinne Maier, eine ausgebildete Psychoanalytikerin, ein Buch mit dem Titel „No Kid- 40

Gründe, warum man keine Kinder bekommen sollte". Kinder zu bekommen, so warnt sie die Frauen, bedeute „den ganzen Rest zu opfern: Beziehung, Sexualleben, Freunde und sozialen Erfolg". Drastisch beschreibt die Autorin die „Torturen" der Niederkunft, den „nervtötenden" Erziehungsalltag, die „lusttötenden" Strategien der „lieben Kleinen". Beruflich bleibe die Mutterschaft auch in Frankreich „eine Karrierefalle". Mütter, die es in der Dreikampf- Disziplin „U-Bahn, Arbeit, Kinder" zu etwas bringen wollten, müssten die Qualitäten von Spitzensportlern haben.

Im Jahr 2002 widmete der Neukirchener Verlag sein „Jahrbuch für Biblische Theologie" dem Thema „Gottes Kinder". In diesem wertvollen Band schreibt Irmtraud Fischer (seit 2004 Professorin für Alttestamentliche Bibelwissenschaft an der Kath.-Theol. Fakultät der Universität Graz) einen Aufsatz „Über Lust und Last, Kinder zu haben. Soziale, genealogische und theologische Aspekte in der Literatur Alt- Israels" (S 55- 81). Die Autorin beschreibt in diesem Aufsatz, wie auch im alten Israel das Kindsein vielen Gefahren ausgesetzt war: Frühe Sterblichkeit, Kinderarbeit, sexueller Missbrauch, Verschleppung, Verkauf in die Schuldsklaverei in Folge von Armut und Aussetzung mit Todesfolge.

Für ein gutes Alter zählen in der Familie die Söhne (Psalm 127, 3-5). Sie sind rechtlich für die soziale Versorgung der Alten zuständig, auch deswegen, weil sie vor allem den Zugang zum Vermögen der Familie haben. In der Alltagswirklichkeit werden dies dann wohl die angeheirateten Schwiegertöchter gewesen sein, die sich um die alt gewordenen Eltern kümmerten.

„Kinder hat man zu biblischen Zeiten immer als sichtbar werdenden Segen Gottes (vgl. 1. Mose 1, 28) angesehen. Mit Kindern geht das Leben weiter, in ihnen leben die alt werdenden Eltern und deren Lebenswerk weiter. Mit ihnen ist die Zukunft der Familie (ergänze: und des Volkes Israel, A.W.) gesichert…

Alt werden können heißt auch, sterben zu lernen und den Jungen das Genießen des Lebens nicht zu neiden, sondern aus ganzem Herzen zu gönnen (vgl. Kohelet 9,7-10; 12, 1-7)." (A.a.O., 68)

Wer genügend Geld hat, kann sich einen Gegenstand kaufen, wie wir zu sagen pflegen, „anschaffen". Ein Kind kann sich niemand einfach „anschaffen". Ein Kind kann sich niemand nach Maß schneidern lassen. Die Geburt eines Kindes ist immer ein „Wunder", ein Staunen erregender Vorgang, auch wenn wir heute vieles über Zeugung, Schwangerschaft und Geburt wissen.

Cirka zehn Prozent aller Eltern sind aus biologischen Gründen kinderlos. Auch wenn die Medizin durch künstliche Befruchtung in manchen dieser Fälle helfen kann, klar bleibt: Wir können die Geburt von Kindern nicht erzwingen. Jede Geburt bleibt etwas zutiefst Unselbstverständliches, denn kein Mensch wäre in der Lage, ein Kind zu konstruieren.

Daran erinnern die zahlreichen biblischen Geschichten von einer zeitweiligen Unfruchtbarkeit von Frauen (Sara, 1. Mose 11, 30; 16, 1; Rebekka, 1.Mose 25, 21; Rahel, 1.Mose 30, 1ff; Hanna, 1.Samuel 1-3 und Elisabeth, Lukas 1,5- 25. 57-80). Schon das Alte Testament weiß, dass die Mühsal des Geburtsvorgangs (1.Mose 3, 16) und die Dramatik des Sterbens von Säuglingen in einer neuen Welt Gottes (Jesaja 65, 16b-25; 66, 7-14) der Vergangenheit angehören werden (Jesaja 65, 19-20. 23). All die Last, Kinder zu haben, weicht in der neuen Welt Gottes der Lust, Kinder zu haben (Jesaja 65, 22.25; 66, 11ff.).

In demselben Band des Neukirchener Verlags schreibt die dreifache Mutter Bettina Eltrop, die 1996 im Fach Neues Testament mit einer sozialgeschichtlichen Arbeit über „Kinder im Matthäusevangelium" promoviert hat (und beim Katholischen Bibelwerk Stuttgart mitarbeitet) über „Kinder im Neuen Testament“ (a.a.O., 83- 95).

Interessant ist ihre Deutung der Geschichte des Rangstreits der Jünger, in der Jesus seinen Jüngern sagt: „Amen, das sage ich euch, wenn ihr nicht umkehrt und wie die Kinder werdet, könnt ihr nicht in das Himmelreich kommen“ (Matthäus 18,3). Da Jesus nicht direkt sagt, was er damit meint, wird diese Äußerung oft so gedeutet, die Kinder seien „vertrauensvoll, demütig, abhängig oder unschuldig“ und sollten darin nachgeahmt werden. Eltrop versucht demgegenüber, die Bedeutung der Aussage Jesu aus dem Kontext zu erschließen. In Vers 4 heißt es: „Wer sich so niedrig machen kann wie dieses Kind, der ist in der Herrschaft der Himmel der Größte“.

So meint „umkehren und wie der Kinder werden“ (Matthäus 18,3f) nach Bettina Eltrop: „Sich bereitwillig auf die Seite der „Kleinen“ begeben und aufzuhören, immer nach den größten und einflussreichsten Rängen zu streben. Die hierarchischen Rangordnungen, die Kindern einen niedrigen Platz zuweisen, werden offenbar als unvereinbar mit den Vorstellungen eines Lebens in Gerechtigkeit, Versöhnung und Liebe- eines Lebens in der Fülle des anbrechenden Gottesreiches- gesehen (Johannes 13, 13-17. 34f; Matthäus 18 u.ö.).“ (a.a.O., 87)

Kinder werden in der Bibel immer wieder unter den Segen Gottes gestellt (1.Mose 48, 10ff u.a.). Das Alte Testament macht den Eltern zur Pflicht, den Kindern die großen Taten Gottes und seine Weisungen mit auf den Lebensweg zu geben. So wie noch heute beim Passafest der jüngste Knabe einer Familie während des Hausgottesdienstes danach fragt, was Gott bei der Errettung Israels getan hat und vom Vater darauf eine Antwort bekommt, sollten auch wir als

Christen die religiösen Fragen unserer Kinder und Enkel kompetent beantworten. Hierzu gibt es Kinderbibeln und sonstige Hilfen.

Auch Jesus segnet Kinder (Markus 10, 13- 16 parr.).“Jesus nimmt die Kinder in die Arme, er hüllt sie darin ein wie in einen warmen Schutz- Mantel (V 16a). Er spricht den Kindern das Reich Gottes zu (V 14c): Sie sind und bleiben Erben, Erben der Verheißungen und der mit Jesus anbrechenden sich durchsetzenden Königsherrschaft Gottes. In Segen und Handauflegung (V 16) stellt Jesus die Kinder unter den besonderen Schutz des Gottes Israels, des Anwalts aller, die keinen anderen Schutz und Hilfe haben (vgl 2.Mose 22, 20-26; 5.Mose 10, 18; Psalm 68,6; 146,9; Amos 2,6f; Maleachi 3,5).“ (Eltrop, a.a.O., 94)

Ob wir nicht viele Gründe haben herauszufinden, was es bedeutet, dass Gott uns mit Kindern beschenken will? Schmerzen, Opfer und Mühen sollten uns davon nicht abhalten.

EIN LEBEN, DESSEN IMMERWÄHRENDE KRAFTQUELLE GOTTES NIE ENDENDE LIEBE IST

Gott spricht: „Ich habe dich je und je geliebt, darum habe ich dich zu mir gezogen aus lauter Güte."
(Jeremia 31,3, Lutherübersetzung; Monatsspruch September 2008)

Es lohnt sich, diesen Vers auch nach anderen Übersetzungsmöglichkeiten zu lesen:

„Mit ewiger Liebe habe ich dich geliebt; darum habe ich dir meine Gnade so lange bewahrt" (A. Weiser).

„Mit ewiger Liebe habe ich dich geliebt, darum habe ich dir Gnade bewahrt" (H. Lamparter).

„Mit ewiger Liebe gewann ich dich lieb, darum habe ich dir Treue bewahrt" (O. Kaiser).

„Mit ewiger Liebe habe ich dich geliebt, darum habe ich dir so lange die Treue bewahrt" (Einheitsübersetzung).

„Ja, mit ewiger Liebe habe ich dich geliebt; darum habe ich dir meine Gnade (oder: Güte) so lange treu bewahrt" (H. Menge).

„Ich habe dich je und je geliebt, darum habe ich dir meine Güte so lange bewahrt" (J. Zink).

„Ich habe nie aufgehört, dich zu lieben. Ich bin dir treu wie am ersten Tag“ (GNB).

„Mit unendlicher Liebe habe ich dich geliebt, darum habe ich dich zu mir gezogen aus Güte“ (Neue Zürcher Bibel).

Diese verschiedenen Übersetzungsvarianten regen zu einer kleinen Meditation an: Die Liebe Gottes gilt seinem Volk, Israel wie auch der Kirche. Diese Liebe ist ewig, unendlich,- je und je, jeden Tag, jeden Augenblick neu, taufrisch, unverdient, darum nicht zu erwarten. Sie war gestern und ist heute und morgen so frisch und unverbraucht wie an ihrem ersten Tag. Sie ist eine Großmacht. Sie vermittelt vollkommenes Glück, Frieden und Geborgenheit. Sie schenkt dem erwählten Volk Israel wie dem Volk Gottes aus allen Völkern, der Kirche, das Wertvollste, was es überhaupt gibt: Gottes Herz, Gottes Zuneigung, Gottes Gemeinschaft, Gottes Zärtlichkeit, Gottes Fürsorge und Schutz.

Wenn da nur nicht die Unzuverlässigkeit der Seinen wäre: „Sollte Gott wirklich gesagt haben?“ „Sollte er es mit seinen Geboten wirklich so überaus genau nehmen?“ „Sollteer wirklich der einzige Gott sein?“ „Wäre es nicht doch gut, auch einmal andere Kulte auszuprobieren, die Gottheiten der Natur oder esoterische Welten?“ „Sollte man sich wirklich in allen Lebenslagen und Lebensbedrohtheiten auf diesen angeblich einzigen, jedoch leider unsichtbaren Gott verlassen?“ „Sagt nicht das Sprichwort: ‚Hilf dir selbst, dann hilft dir Gott?‘“ „Sollten wir also nicht erst einmal mit eigener Kraft, mit eigenen Manipulationen, Intrigen, Bündnissen und dem Ausbau nationaler, militärischer oder revolutionärer Macht die Gefahren von außen abwenden, statt alles auf das Vertrauen zu einem unsichtbaren Gott zu setzen?“

Ja, das ist alles möglich. Der Gott, dem wir unsere Freiheit verdanken, verhindert diese Möglichkeiten nicht. Aber sie enden in der Katastrophe. So wie das Nordreich Israels im Jahr 722 vor Christus durch die Assyrer und das Südreich im Jahr 587 durch die Einnahme Jerusalems seitens der Babylonier ein Ende fanden, so enden alle Versuche von Juden und Christen, ohne den Gott Abrahams, Isaaks und Jakobs die eigenen Wege zu meistern, in der Katastrophe. Aber genau im Angesicht dieser nahenden Katastrophe tritt der Prophet Jeremia von 627 bis 587 vor Christus in Jerusalem auf, um das Gericht Gottes zu verkündigen.

Vielleicht hat er selbst oder nach einigen Jahren ein inspirierter Bearbeiter seines Werkes im Namen Gottes noch diese eine Botschaft hinzugefügt, die zu der Gerichtsbotschaft des Jeremia so gar nicht zu passen scheint:

„Ich habe dich je und je geliebt, darum habe ich dich zu mir gezogen aus lauter Güte."

Unter den genannten Umständen könnte dieser Spruch folgende Botschaft Gottes zum Inhalt haben:

„Zwar muss ich dich durch harte Maßnahmen, Besatzung, Verlust der nationalen Eigenständigkeit, Zerstörung des Tempels und Deportation daran erinnern, dass du Leben nur von mir hast und deine Abkehr von der Quelle des Lebens unweigerlich den Tod nach sich zieht. Aber deine Meinung, ich hätte dich nun aufgegeben, vergessen und verlassen, ist irrig. Weil ich dich liebe, bleibe ich dir verbunden. Weil ich dich liebe, begleite ich dich noch auf deinen Abwegen und den Folgen, die dir Verderben bereiten. Weil ich dich liebe, ist selbst mein Gericht ein Versuch, dich für mich zurückzugewinnen.

Weil ich dich liebe, muss am Ende meine Gnade meinen Zorn besiegen. Weil ich dich liebe, werde ich dich nie aufgeben, werde ich dir –deiner Schuld zum Trotz – in Treue auf immer und ewig verbunden bleiben.“

Ich weiß nicht, ob es Ihnen ähnlich ergeht wie mir: Ich bin mitunter peinlich berührt von Liebesbekenntnissen in der Öffentlichkeit, von Liebesbekenntnissen, die nichts kosten und inflationär entwertet werden. Ich bin allergisch gegenüber Liebesbekenntnissen, die eine Dauerhaftigkeit, Verbindlichkeit, Tiefe und Treue zum Ausdruck bringen, diese aber nicht einmal für eine Sekunde wirklich ernsthaft meinen. Liebesschwüre als Show, als Versuch, einen anderen Menschen zu verführen, ihn dann aber abzustoßen, wenn die Laune auf neue Abenteuer aus ist, Liebesbekenntnisse als leeres Ritual in einem langweilig gewordenen Verhältnis: Das alles entwertet das Bekenntnis, einen anderen Menschen zu lieben.

Gott selbst hat nur selten und nicht unentwegt von seiner Liebe zu seinem erwählten Volk gesprochen. Aber er hat es spät und bewusst getan, als er sich genötigt sah, das geliebte Volk zu richten, so etwa durch den Propheten Hosea vor der Katastrophe des Nordreichs 722 und durch den Propheten Jeremia vor und durch den sogenannten Deuteronomisten nach der Katastrophe des Südreichs im Jahre 587 vor Christus.

Im Angesicht einer Katastrophe einem geliebten Menschen seine Liebe nochmals zu versichern, kann ungeahnte, kraftspendende Wirkungen zeitigen: Was muss für eine Witwe im 2. Weltkrieg ein solcher Satz in einem Brief des gefallenen Ehemanns von der Front für ihr weiteres Leben bedeutet haben? Was muss ein letzter Anruf eines Opfers aus einem der Zwillingstürme von New York am 11. September 2001 mit einer entsprechenden Botschaft für den Angerufenen bewirkt haben?

Merken wir, dass die wirkliche und nicht oberflächliche Liebe Leben bewirken, Leben verändern, zu Leben ermutigen kann, sogar noch angesichts des Todes und über den Tod hinaus? Merken wir, dass diese Liebe, die ihren Ursprung in Gott selbst hat, das Göttlichste an Gott und das Menschlichste am Menschen ist und eine tiefe, bleibende und tragfähige Brücke zwischen Menschen wie auch zwischen Gott und Mensch für Zeit und Ewigkeit?

Gott liebt nicht nur Juden und Christen, sondern alle Menschen, die er nach seinem Bilde erschaffen hat (Joh 3, 16). Das ist der wahre Grund der Hoffnung für die ganze Menschheit!

Die Kantate von Johann Sebastian Bach „Ich geh und suche mit Verlangen" zum 20. Sonntag nach Trinitatis (mit Bezug auf das damalige Evangelium, das Gleichnis vom Hochzeitsmahl des Königs, Mt 22, 1–14) endet mit einem ergreifenden Duett (empfehlenswert die CD von Deutsche Grammophon 2007, „Dialogkantaten", mit Thomas Quasthoff und Dorothea Röschmann):

Jesus: Dich hab ich je und je geliebet.

Seele: Wie bin ich doch so herzlich froh, dass mein Schatz ist das A und O, der Anfang und das Ende.

Jesus: Und darum zieh ich dich zu mir.

Seele: Er wird mich doch zu seinem Preis aufnehmen in das Paradeis; des klopf ich in die Hände.

Jesus: Ich komme bald, ich stehe vor der Tür.

Seele: Amen! Amen! Komm, du schöne Freudenkrone, bleib nicht lange!

Jesus: Mach auf, mein Aufenthalt!

Seele: Deiner wart ich mit Verlangen.

Jesus: Dich hab ich je und je geliebet, und darum zieh ich dich zu mir.

EIN LEBEN, DAS AUCH IN WUNDERGLEICHEN HISTORISCHEN „ZUFÄLLEN“ GOTT AM WERK SIEHT UND IHN DARÜBER RÜHMT UND LOBT

„Du machst fröhlich, was lebet im Osten wie im Westen.“
(Psalm 65,9, Lutherübersetzung; Monatsspruch für Oktober 2008)

Es gibt drei Übersetzungsmöglichkeiten für diesen Spruch. Die eine Möglichkeit ist, dass die Tageszeiten Morgen und Abend von Gott Fröhlichkeit erhalten (M. Buber, A. Weiser, die Neue Zürcher Bibel), die zweite Möglichkeit ist es, Länder durch Gott froh zu sehen („Morgen- und Abendland“, H.-J. Kraus; „Länder des Ostens und des Westens“, H. Menge), die dritte Möglichkeit ist, die Menschen in den entfernten Himmelrichtungen des Sonnenaufgangs (Osten) und des Sonnenuntergangs (Westen) von Freude erfüllt zu sehen (M. Luther und die Einheitsübersetzung).

Aus Anlass des 3. Oktober, des Tages der Deutschen Einheit, beschränken wir uns in dieser Auslegung auf die letzte Deutungsmöglichkeit und fragen: Haben denn die Menschen im Osten und Westen des nun vereinten „Vaterlandes“ wirklich Anlass, Gott zu preisen?

„Dass auch bei diesem Psalm Gott im Brennpunkt der Gedanken steht, dass die Freude an den Segnungen des irdischen Lebens, wovon der Dichter ausgeht, letztlich nichts anderes ist, als die Freude an Gott und seiner Gemeinschaft, zeigt mit besonderer Deutlichkeit, wie der alttestamentliche Glaube die gesamte Wirklichkeit des praktischen irdischen Lebens eingebettet weiß in die umfassende Beziehung zur Wirklichkeit Gottes.“ (Artur Weiser)

Ja, dieser Psalmbeter erfährt den wahren Gott in seinem Walten in Schöpfung und Geschichte und nimmt alles aus seiner Hand. Dabei ist es der gütige Gott, der in Erhörung von Gebeten (Vers 3) die Seinen zur Umkehr bewegt. Die Erfahrung der Güte Gottes erweckt in denen, die dem wahren Gott begegnet sind, Scham und Reue über ihre Schuld und das Verlangen, diesem Gott ohne Belastung zu begegnen. Gott gewährt demjenigen, der sein Versagen bekennt, uneingeschränkten Freispruch!

Vor der Freude in Vers 9 steht die Furcht, das Erschrecken vor dem mächtigen Tun Gottes in dem, was er unentwegt schafft und erhält und seinem souveränen Handeln in der Geschichte. In diesem souveränen Handeln spüren wir Gottes richtende und aufrichtende Hand zugleich. Dem uneingeschränkten Vertrauen zu diesem Gott ist keine Kumpelhaftigkeit angemessen, sondern höchste Ehrfurcht und tiefste Liebe zugleich.

Können wir also am Tag der Deutschen Einheit dies bekennen: Du, unser Gott, machst fröhlich, die im Osten und Westen unseres vereinten Landes wohnen?

Vor der Freude steht auch hier das Erschrecken: Wir erschrecken bei dem Gedanken, dass unsere Verwandten und Freunde im Osten Deutschlands von 1933 bis 1989, also nahezu 57 Jahre, zwei Diktaturen ausgesetzt waren, die den einzelnen Menschen mit eigener Meinung verachteten, seine Würde mit Füßen traten und jegliche Freiheit des Geistes im Keim erstickten.

Diese Willkürregimes stammten nicht von Gott, aber er hat sie in der Strenge seiner Liebe zugelassen. Wenn ich mit meinen Eltern, die aus Thüringen und Sachsen stammten und vor dem 2. Weltkrieg berufsbedingt in die hessische Rhön zogen, ab 1945 die politische Freiheit einer Demokratie genießen konnte, war ich deshalb mit ihnen und meinen Geschwistern nicht besser als unsere in der DDR lebenden, nicht weniger christlich gesonnenen Verwandten. Wir im Westen hatten diese Freiheit durch nichts verdient, und unsere Verwandten hatten durch nichts die Unfreiheit verdient. Hier stehen wir vor der Unergründbarkeit der Geschichtswege Gottes.

Aber genau so wenig wie wir die harte Hand Gottes in der Geschichte des geteilten Deutschland nach Ursache und Wirkung aufzeigen können, genau so wenig können wir behaupten, irgendjemand oder eine Gruppe von Menschen habe die Wiedervereinigung Deutschlands verdient. Wie könnte denn ein fehlsamer Mensch oder eine fehlsame Menschengruppe so ein unbegreifliches Geschenk verdient haben?

Aber vielleicht können wir wagen, dies zu sagen: Gott hat Gebete erhört, über Bitten und Verstehen hinaus und großzügiger, gütiger und umfassender, als die Betenden in Leipzig und sonstwo es sich je hätten erträumen können! Sollte im Herzen Gottes ein Kampf zwischen seiner gerechten Strenge und seiner großzügigen Güte stattgefunden haben, dann hat auf dem Weg zum 3. Oktober 1990 seine unverdiente, Staunen erregende Güte den Sieg davongetragen!

Wir wissen es, aber vielleicht wissen es noch nicht alle: Wir Deutschen sind in Europa die Besten im Jammern und Zetern, und davon ist auch unser Blick auf die Einheit Deutschlands getrübt.

Ein überaus wertvolles Buch hierüber hat der Theologe, Philosoph und Verfassungsrichter Professor Dr. Richard Schröder (Humboldt Universität Berlin) mit dem Thema „Die wichtigsten Irrtümer über die deutsche Einheit“ (Herder-Verlag 2007) geschrieben.

Ohne die noch vorhandenen und auch in Zukunft zu meisternden Probleme zwischen Ost- und Westdeutschland zu verschweigen, beurteilt Schröder den Stand der Einheit nach vier nicht subjektiven Maßstäben:

1. Wieweit wird der Stand der deutschen Einheit von außen, also von Ausländern, beurteilt? Antwort: Vom Ausland her betrachtet man die deutsche Einheit als eine Erfolgsgeschichte.

2. Maßstab: Die Einheit in der deutschen Geschichte. Ostdeutsche, die der Ausbildung oder der Arbeit wegen für bestimmte Zeit nach Westdeutschland ziehen, haben keine Integrationsprobleme. Auch die Solidarität in Deutschland, wie sie etwa bei der Elbeflut und der Oderflut zu sehen war, sei beachtlich.

3. Maßstab: Die anderen ehemals sozialistischen Länder. Von allen ehemals sozialistischen Ländern habe Ostdeutschland den weitaus höchsten Lebensstandard und die beste Infrastruktur.

4. Maßstab: Vergleich der Lebensbedingungen in der DDR mit denjenigen heute in den neuen Bundesländern: Freiheitsgewinn! Da sei zuerst die Freiheit von der Angst vor Verhaftung, Freiheit vom ideologischen Zwang, Freiheit zur politischen Betätigung namentlich für Christen, Reisefreiheit. Das Leben sei bunter geworden, die Suizidrate erheblich gesunken. Der medizinische Fortschritt habe dazu geführt, dass die durchschnittliche Lebenserwartung in Ostdeutschland um fünf Jahre gestiegen sei und nun nur wenige Monate hinter den westdeutschen Werten liege. Von den 10- 20 % Superverdienern abgesehen, die im Osten fehlen, seien die Haushaltseinkommen im Jahr 2000 in den alten und neuen Bundesländern etwa gleich gewesen.

Den 3. Oktober 1990 vergleicht Richard Schröder mit dem Westfälischen Frieden von 1648, der einen dreißigjährigen heißen Krieg beendete. Mit dem Zwei- plus Vier- Vertrag seien der Zweite Weltkrieg und ein über vierzigjähriger Kalter Krieg beendet worden. R. Schröder würdigt die Bedeutung des 3. Oktober so: „Seit dem 3.Oktober 1990 lebt Deutschland zum ersten Mal in seiner Geschichte in allseits anerkannten Grenzen, umgeben von Freunden, vereinigt in der Europäischen Union und verbündet in der NATO. Es gibt keine offene deutsche Frage mehr und keine offenen Rechnungen. Nach menschlichem Ermessen wird es an Deutschlands Grenzen nie wieder einen Krieg geben. Und das soll kein Anlass zum Feiern sein?“

Es ist Richard Schröder beizupflichten, wenn er meint, es wäre manches einfacher, wenn wir aus Anlass der deutschen Einheit gemeinsamen sagen könnten: „Nun danket alle Gott.“

Zumindest wir Christen im Westen wie im Osten Deutschlands haben allen Anlass, dies Lied mit Blick auf das Einheitsgeschenk wieder und wieder zu singen.

EIN LEBEN, DAS NICHT GIERIG UND ANGSTBESESSEN RAFFT, SONDERN „HERZ UND MUND UND TAT UND LEBEN“ (Titel einer Kantate von J. S. Bach) DEN BENACHTEILIGTEN MITMENSCHEN ZUWENDET

„Wenn du den Hungrigen dein Herz finden lässt und den Elenden sättigst, dann wir dein Licht in der Finsternis aufgehen.“
(Jesaja 58,10, Lutherübersetzung; Monatsspruch für November 2008)

In Gottes Augen reicht es offenbar nicht, Notleidenden nur aus Pflichterfüllung zu helfen oder Hilfe mit dem irrigen Ziel zu leisten, ein himmlisches Punktekonto aufzufüllen. Nein, Gott will, dass wir, bevor wir einem Notleidenden Nahrung, Kleidung oder Geld schenken, ihm zuerst etwas viel Wichtigeres schenken, nämlich unser Herz. Nur dann nämlich wirkt unsere Hilfe nicht kalt oder von oben herab, sondern warm und auf gleicher Ebene. Nur dann findet sie das Wohlgefallen Gottes und die Erfüllung seiner großartigen Verheißung: Da, wo es in unserem Leben finster war, wird es Licht! Weil dieses Licht göttlichen und himmlischen Ursprungs ist, kann es niemand auslöschen.

Als 1997 in Leipzig der erste gesamtdeutsche Kirchentag nach der Wiedervereinigung im Osten Deutschlands stattfand, spielte das Kapitel 58 des Jesajabuches eine besondere Rolle.

Die Situation der Menschen im dritten Teil des Jesajabuches (Jesaja 56- 66) war derjenigen der Deutschen nach der Wende sehr ähnlich: Gott hatte sich des Volkes nach Schuld, Besatzung und Unfreiheit erbarmt und einen Neuanfang ermöglicht. Der Perserkönig Kyros hatte durch Fügung Gottes (Jesaja 45, 1-7) das babylonische Exil vieler Juden ab 538 v.Chr. beendet. Sie waren nach Palästina zurückgekehrt. In regelmäßigen Bußgottesdiensten mit Fasten und Beten wandten sie sich an Gott mit der Bitte, sich nach Gericht und gnädiger Befreiung weiterhin als der freundliche Herr des von ihm erwählten Volkes zu erweisen.

Aber statt sich über so viel Frömmigkeit und so fromm erscheinende Gottesdienste zu freuen, ließ Gott dem Volk durch einen neuen, für uns anonymen Propheten mitteilen, das ganze Fasten und Beten sei nichts nütze, wenn sich das Verhältnis der einzelnen, besser gestellten Juden wie der Volksgemeinschaft als Ganzer gegenüber den Armen, Hungernden und Deklassierten nicht radikal ändere.

Im Lichte dieser Botschaft haben wir Anlass zu fragen: Was nützen in Gottes Augen alle Kirchenreformen, wenn wir ein göttliches Reformanliegen aus den Augen verlieren: Gott setzt sich vorrangig für die Armen ein! Gelingt es ihm, uns hieran zu beteiligen?

Als ich im vorigen Jahr mit einer Gruppe von in der Diakonie Tätigen aus dem Bereich der Norddeutschen Mission (mit Sitz in Bremen) zwei Wochen lang Projekte von BROT FÜR DIE WELT und kirchlicher DIAKONIE im Bereich unserer Partnerkirchen in Ghana und Togo (Westafrika) besuchte, da wurden wir dadurch beschämt, dass die Armen UNS „ihr Herz schenkten“:

Etwa ehemalige Straßenkinder von Lomé, der Hauptstadt Togos, die jeden von uns am Tor ihrer diakonischen Einrichtung empfingen, an die Hand nahmen und für uns sangen. Oder die Hebamme im diakonischen Krankenhaus Bethesda am Agou Berg (120 km nördlich von Lomé), die vor 20 Jahren ihre Ausbildung in Heidelberg absolviert hatte, uns in gutem Deutsch mit leuchtenden Augen begrüßte und uns alle, sogar den unter Geldsorgen leidenden Verwalter des Krankenhauses, zum Lachen brachte. Oder die christlichen wie muslimischen Frauen mit der eindrucksvollen Christine Dzamessi, der Leiterin des „Evangelischen Frauenverbandes (Togo) für Entwicklung und Solidarität", die in einem Rollenspiel, singend und tanzend uns nahebrachten, was sie auf dem Land bei Sokode (Togo) gelernt hatten: Energiesparende Herde aus gestampftem Lehm zu erstellen, mit Hilfe ihrer Männer und durch Unterstützung von Spenden Toiletten zu errichten und Brunnen zu graben sowie Hygiene zu beachten, um Krankheiten zu vermeiden…

Die Armen schenkten UNS ihr Herz, und wir erkannten in ihren ausdrucksstarken wie erwartungs- und hoffnungsvollen Gesichtern, dass sie uns gleich sind: Menschen, nach Gottes Bild geschaffen, von ihm geliebt und gesegnet! Aber wir erkannten noch viel mehr: Wir haben in ihnen Gott selbst entdeckt, der uns in diesen Armen begegnete. Der Moderator der Evangelisch-presbyterianischen Kirche von Ghana, Dr. Buama, stellte uns die Hauptaufgaben der Kirche seines Landes vor, und diese entsprechen weithin dem Monatsspruch:

- Die Kirche muss sich vergrößern- dies entspricht der Bemühung um Evangelisation.

- Die Kirche muss sichtbar, dem Licht gleich sein, das alle sehen können.

- Die Kirche muss Partei ergreifen, z.B. Stellung beziehen gegen Unrecht wie z.B. Gewalt gegenüber Frauen und Armut, besonders von Kindern.

- Die Kirche muss Armut auch der Erwachsenen bekämpfen und Menschen in die Lage versetzen, ihre Lebens- und Erwerbssituation durch eigenes Handeln zu verbessern. Dies geschieht in Ghana im Bereich Bildung in kirchlichen Kindergärten, Schulen und Ausbildungsstätten. Dies geschieht im Bereich Gesundheit: Durch Betreiben von Mobilen Kliniken in Gegenden, die weit entfernt von Krankenhäusern liegen und lokalen Gesundheitszentren, wo ohne großen Aufwand Erste Hilfe bei vielen Krankheiten geleistet werden kann. Dies geschieht außerdem im Bereich Landwirtschaft: In der Weiterbildung von Bauern in den Bereichen Anbautechnik, Tierzucht und Tierhaltung wie auch Pflanzenzucht.

Die 50. Aktion „Brot für die Welt“, die am 1. Advent eröffnet wird, steht unter dem Motto: „Es ist genug für alle da.“ Es ist wirklich genug da – für alle. Die Weltgesundheitsorganisation hat errechnet, dass die derzeitige Produktion an Nahrungsmitteln für 12 Milliarden Menschen ausreicht. Auf der Welt leben zurzeit knapp 7 Milliarden. Kein Mensch müsste also hungern. Niemand müsste Sorge um sein tägliches Brot haben, wenn wir miteinander teilen und sorgsam mit den Ressourcen umgehen würden. Die Geschichte der wundersamen Speisung von 4000 Menschen durch Jesus mit Hilfe von sieben Broten und ein paar Fischen (Markus 8,1-9) behauptet: Von dem, was wir haben, können alle satt werden, wenn wir teilen und alle Menschen mit im Blick haben.

„Wenn du den Hungrigen dein Herz finden lässt und den Elenden sättigst, dann wird dein Licht in der Finsternis aufgehen.“ (Jesaja 58,10)

Dies betrifft nicht nur unser Engagement für die sich entwickelnden Länder, sondern auch unsere Solidarität mit unseren Mitbürgern, gleich ob Christen oder Nichtchristen, gleich ob Einheimische oder Zugewanderte, die in unserem Land auf der Schattenseite der Gesellschaft stehen. Alle, die im sozialen Bereich tätig sind, berichten von der sich zunehmend öffnenden Schere zwischen Arm und Reich in unserem Land. Amerikanische Forscher haben neuerdings herausgefunden, dass sich die Kinder armer Eltern aufgrund von negativem Stress in ihrer Intelligenz schlechter entwickeln als die Kinder von Eltern, die entspannter leben können. Die Kinder der Armen haben im Vergleich zu Mittelklassekindern eine deutlich schlechtere Sprachfähigkeit, ein schlechteres Gedächtnis, und sie können sich schlechter konzentrieren. Erfahren diese Kinder jedoch viel Geborgenheit und Zuwendung, verbessert sich auch ihr Gedächtnis wieder. Wenn irgend möglich, sollte das in den ersten vier Jahren geschehen.

Die Benachteiligung von Kindern aus armen Familien oder von alleinerziehenden Müttern, die von Transferleistungen leben, setzt sich in der Schule fort. Die Eltern dieser Schüler können z.B. einen Nachhilfeunterricht für ihre Kinder nicht finanzieren. Dieser könnte ihnen helfen, sich für bestimmte Schularten und damit später für bestimmte Berufe zu qualifizieren.

Armut aufgrund von Arbeitslosigkeit ist in den meisten Fällen nicht selbstverschuldet. Volkes Stimme ist hier nicht Gottes Stimme. Weil das Schicksal der Arbeitslosigkeit von den Betroffenen aber aufgrund des Zeitgeistes oft als selbstverschuldet angesehen wird, ziehen sich viele dieser Mitmenschen aus Scham zurück, werden nicht selten seelisch und körperlich krank und brauchen die Solidarität von Christen, die diesen Teufelskreis durchbrechen.

Hier sind wir Christen gefordert, auch das gutbürgerliche Milieu unserer Gemeinden zu durchbrechen und ungewöhnliche Schritte auf die Ausgegrenzten zuzugehen. Anregungen hierzu erhalten wir in der epd- Dokumentation Nr. 34 vom 14. 08.07: „Wenn wir die Armen unser Herz finden lassen… Kirchengemeinden aktiv gegen Armut und Ausgrenzung.“

EIN LEBEN, DAS VON GOTT WIE VON EINER ZÄRTLICH SORGENDEN UND TRÖSTENDEN MUTTER BEHÜTET BLEIBT

Gott spricht: „Ich will euch trösten, wie einen seine Mutter tröstet.“
(Jesaja 66, 13, Lutherübersetzung; Monatsspruch Dezember 2008)

Vom ersten Schrei des Neugeborenen bis zu seinem letzten Atemzug in frühem oder hohem Alter braucht der Mensch Trost. Gut, wenn ein Mensch von frühester Kindheit an bis an sein Lebensende in allen misslichen Lagen durch seine Eltern, durch Freunde und wohlmeinende Weggefährten wie Mitschüler, Nachbarn, Kollegen, Mitchristen und Seelsorger den Trost erfährt, den er so dringend braucht.

Wenn uns nun Gott höchstpersönlich zusagt, er werde uns trösten, wie einen seine Mutter tröstet, dann macht er uns zu Weihnachten und weit darüber hinaus ein unbeschreibliches Geschenk. Er verbürgt sich durch dies Wort dafür, dass menschlicher Trost als Geschenk von ihm etwas weitergibt, was aus seinem eigenen Herzen stammt. Er verbürgt sich durch dieses Wort dafür, dass echter menschlicher Trost mehr als billige Vertröstung ist, sondern in einer Welt hochgradiger Gefahren, Nöte und Ausweglosigkeiten durch ihn selbst gedeckt ist.

So wie die Europäische Zentralbank dafür garantiert, dass der Euroschein mehr ist als bedrucktes, wertloses Papier, so und noch viel mehr garantiert Gott, dass wahrer Trost als eine himmlische Währung wertvoller ist, als es leere und folgenlose Worte sind.

Indem der unsichtbare Gott auf die Liebe einer Mutter hinweist als Bild für seine eigene Liebe zu uns selbst, macht er es uns ganz leicht, in sein Herz zu schauen. Darum kommt Weihnachten erst dort zur wirklichen Erfüllung, wenn wir nicht nur bei dem rührenden Bild von Mutter und Kind stehenbleiben, sondern es wie ein Transparent durchscheinend werden lassen dafür, wie der ewige Gott selbst zu seinem erwählten Volk Israel, zu uns Menschen und jedem einzelnen von uns persönlich steht.

Was ist das Besondere, wenn ein Kind durch seine Mutter getröstet wird? **Der Trost der Mutter ist bedingungslos, spontan, liebevoll, opferbereit, zärtlich und persönlich.**

Der Trost der Mutter ist **bedingungslos**, insofern sie nicht angesichts der Not des Kindes lange fragt: Hat mein Kind den Trost auch wirklich verdient? Die Mutter fragt nicht, bevor sie tröstet: Sollte mein Kind jetzt nicht einen Denkzettel erhalten, weil es meinen guten Ratschlägen schon wieder einmal nicht gefolgt ist? Nein, die Mutter tröstet ohne Wenn und Aber.

Der Trost der Mutter ist **spontan**, sie legt keine kürzere oder längere Denkpause ein, bevor sie sich mühevoll dazu entschließt zu trösten. Nein, die Mutter tröstet sofort, also spontan.

Der Trost der Mutter ist **liebevoll**. Wir sehen ihr an, dass sie nicht weniger leidet als ihr Kind und alles in ihrer Macht Stehende tun möchte, um den Albtraum, die Krankheit, die Enttäuschung oder eine sonstige Not ihres Kindes zu beseitigen.

Der Trost der Mutter ist **opferbereit**. Sie ist bereit, nicht nur ganze durchwachte Nächte zu opfern, damit ihr Kind zur Ruhe kommt, sondern notfalls sogar ihr

Leben aufs Spiel zu setzen, um das Glück ihrer Kinder wiederherzustellen. Dies hat der Film „Die Frau vom Checkpoint Charlie“ nach einer wahren Geschichte eindrucksvoll nachgespielt.

Der Trost der Mutter ist **zärtlich**: Zärtlich ein weinendes Kind in den Arm zu nehmen und ihm mit dem Gefühl vollkommener Geborgenheit die Gewissheit zu schenken, dass das Leid vergänglich und beinahe unwichtig sei, ist ein besonderes Privileg der Mutter.

Der Trost der Mutter ist **persönlich**. Sie hält nicht wie ein Philosoph einen Vortrag darüber, dass es unter Umständen auf der Erde unter idealen Bedingungen irgendwo die Möglichkeit gäbe, Trost zu erfahren, sie schwadroniert also nicht über Trost, sondern spendet ihn.

Sie spendet nicht Trost wie ein Redner, eventuell auch ein christlicher, dessen Trostbotschaft Gefahr läuft, ins Leere zu gehen, weil sie die konkrete, missliche Lage jedes einzelnen Hörers eben doch nicht voll berücksichtigen kann. Vielmehr ist der Trost der Mutter so persönlich wie derjenige eines Seelsorgers, der einen konkreten Menschen in einer ganz besonderen, für ihn unverwechselbaren, einmalig erscheinenden Lage anhört, ernst nimmt und ihm nach Seele, Leib und konkreten Lebensumständen beisteht.

Von dem so beschriebenen Trost der Mutter dürfen wir auf den Trost Gottes schließen. Er ist in höchstem Maß bedingungslos, spontan, liebevoll, opferbereit, zärtlich und persönlich.

Haben wir mit unserem Lob auf den Trost der Mutter etwa übertrieben? Gibt es nicht zunehmend Mütter (und Väter), denen ihr eigenes Wohl wichtiger ist als das ihrer Kinder? Gibt es nicht zunehmend Frauen (und Männer), die mit Blick auf ihr eigenes berufliches Vorankommen gar keine Kinder und die mit ihnen verbundenen Opfer wollen?

Diese Ausnahmen gibt es, aber sie ändern nichts an Gottes Zusage: „Bringt eine Mutter es fertig, ihren Säugling zu vergessen? Hat sie nicht Mitleid mit dem Kind, das sie in ihrem Leib getragen hat? Und selbst wenn sie es vergessen könnte, ich vergesse euch nicht!“ (Jes 49, 15; Gute Nachricht Bibel) Die beiden anonymen Propheten, von den Theologen „Deuterojesaja“ (Jes 40–55; 6. Jahr hundert v. Chr.) und „Tritojesaja“ (Jes 56–66, zwischen 537 und 455 v. Chr.) genannt, haben in bedrängter, dürftiger Zeit umfassend den Anbruch der göttlichen Heilszeit angekündigt. Aber im Vergleich zu den leuchtenden Ankündigungen beider Propheten fiel das Neue, das Gott seinem Volk gewährte, geradezu bescheiden aus. Äußerlich betrachtet war von „Heilszeit“ wenig oder nichts zu sehen.

War es zu Weihnachten besser? Ist es trotz Kreuzigung und Auferstehung Jesu, Himmelfahrt und Pfingsten so anders, dass alle Welt erkennen müsste: Die Zeit der vollkommenen Herrschaft Gottes mit umfassendem Frieden, wahrer Gerechtigkeit und Beseitigung aller bösen Kräfte und Einflüsse auf Erden ist da? Nein, der Glaube an Gott war und bleibt immer ein Glaube gegen den Augenschein, das Vertrauen auf einen Gott, der verborgen gegenwärtig ist und der seine Verheißungen zu seiner Zeit noch voll einlösen wird.

Dies zu glauben, hilft uns der göttliche Trost, von dem die ganze Bibel so voll ist. Dieser Trost besteht nicht darin, dass uns Gott von heute auf morgen in ein zauberhaftes Tischlein-deck-dich-Wunschland versetzt, in dem alle unsere möglichen und unmöglichen Wünsche auf der Stelle erfüllt werden.

Dieser Trost ist nicht mehr, aber auch nicht weniger als der Trost einer Mutter und besagt: Mag die Not, unter der du jetzt leidest, auch groß und schmerzlich sein, meine Liebe zu dir ist größer. Mag das Problem, vor dem du jetzt stehst, auch jetzt und auf absehbare Zeit nicht zu beheben sein, ich bin bei dir, ich stehe zu dir.

Die Botschaft der tröstenden Mutter lautet: Auch wenn sich ein dunkles Geschick, ja vielleicht die ganze Welt gegen dich verschworen zu haben scheinen, ich stehe an deiner Seite; ich kämpfe mit dir und für dich gegen alles, was dich bedrängt; du darfst hoffen.

Die Botschaft des tröstenden Gottes ist dieselbe. Aber Gott kann selbst dort, wo alles scheitert, stirbt und scheinbar untröstlich endet, Neues schaffen in einem neuen Himmel und einer neuen Erde (Jes 65, 17; Offb 21, 1 ff). Von dieser neuen, endgültigen und ewigen Welt gilt: „Gott wird abwischen alle Tränen von ihren Augen, und der Tod wird nicht mehr sein, noch Leid noch Geschrei noch Schmerz wird mehr sein; denn das Erste ist vergangen. (Offb 21, 4) Der Blick auf diese neue Welt gehört zu Gottes Trost dazu.

In diesem Monat feiern wir WEIHNACHTEN. Die „Heilige Familie“ ist eine Trostgemeinschaft unter und mit Gott: Maria erfährt in der dürftigen Notunterkunft bei der Geburt ihres ersten Kindes Trost durch die Erzählung der Hirten, die von der Begegnung und Botschaft der Engel berichten. Sie erfährt Trost durch die Weisen aus dem Morgenland, die die Bedeutung des Neugeborenen an der Bewegung der Sterne und durch die Schriftgelehrsamkeit in Jerusalem erkannt haben. Sie erfährt aber auch Trost durch ihren Mann Joseph, dem der Engel Gottes eine Botschaft in Träumen geschenkt hat. Joseph wird durch die genannten Begebenheiten ebenfalls getröstet.

Nun können Mutter und Vater ihren Sohn unter schwersten Umständen wie der Geburt auf der Wanderschaft, der Mordpläne des Königs Herodes und der Flucht nach Ägypten, ebenfalls trösten mit dem Trost, den sie von Gott durch Menschen und Träume erfahren haben. Indem Jesus von früh an in großer Not den göttlichen Trost durch Mutter und Vater erfährt, wird er von Anfang seines Lebens an auf seine Rolle als Seelsorger und Tröster vorbereitet.

Dass Weihnachten den göttlichen Trost in tiefer Weise vermittelt, hat wie kaum ein anderer der Dichter JOCHEN KLEPPER in tiefsinnige Verse gefasst. Alle seine Weihnachten- Gedichte (in der Gedichtssammlung „Ziel der Zeit“ 2001 im Luther-Verlag Bielefeld erschienen, S. 56–66) schlagen diese tröstlichen Töne an, z. B.:

„Wer wardst du, Herr, in dieser Nacht?
Du, dem der Engel Mund gelacht,
dem nichts an Ruhm und Preis gefehlt,
hast meine Strafe dir erwählt.
Du wardst ein Kind im armen Stall
und sühntest für der Menschen Fall.
Du, Herr, in deiner Himmel höchsten Pracht
wardst ein Gefährte meiner Nacht.“ (S. 57)

„Noch manche Nacht wird fallen
auf Menschenleid und -schuld.
Doch wandert nun mit allen
der Stern der Gotteshuld.
Beglänzt von seinem Lichte,
hält euch kein Dunkel mehr.
Von Gottes Angesichte
kam euch die Rettung her.“ (S. 59)

„Mein Gott, dein hohes Fest des Lichtes
hat stets die Leidenden gemeint.
Und wer die Schrecken des Gerichtes
nicht als der Schuldigste beweint,
dem blieb dein Stern noch tiefverhüllt
und deine Weihnacht unerfüllt.“ (S. 63)

Printed by Books on Demand GmbH, Norderstedt / Germany